Susan Schelten-Cornish

Förderung der kindlichen Erzählfähigkeit

Geschichten erzählen mit Übungen und Spielen

Die Autorin

Susan Schelten-Cornish ist akademische Sprachtherapeutin (Deutscher Bundesverband der akademischen Sprachtherapeuten, dbs) und zertifiziertes Mitglied der Canadian Association of Speech-Language Pathologists and Audiologists (CASLPA). Nach dreijähriger therapeutischer Tätigkeit in einem Sprachheilzentrum ist sie seit 1980 Inhaberin einer niedergelassenen Praxis für Sprachtherapie für alle Störungsbilder, mit Behandlungsschwerpunkten Erzählen, frühe Sprachbehandlung und Stottern. Sie publizierte zur sprachtherapeutischen Forschung und Praxis in diesen drei Themenkreisen.

Fortbildungen über das Erzählen und über frühe Sprachbehandlung gibt sie seit 2005.

Susan Schelten-Cornish

Förderung der kindlichen Erzählfähigkeit
Geschichten erzählen mit Übungen und Spielen

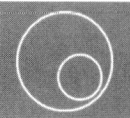 Das Gesundheitsforum

Bibliografische Information der Deutschen Nationalbibliothek
Die Deutsche Nationalbibliothek verzeichnet diese Publikation in der Deutschen Nationalbibliografie; detaillierte bibliografische Daten sind im Internet über http://dnb.d-nb.de abrufbar.

Die Informationen in diesem Werk sind von der Verfasserin und dem Verlag sorgfältig erwogen und geprüft, dennoch kann eine Garantie nicht übernommen werden. Eine Haftung der Verfasserin bzw. des Verlages und seiner Beauftragten für Personen-, Sach- und Vermögensschäden ist ausgeschlossen.

Besuchen Sie uns im Internet: www.schulz-kirchner.de

1. Auflage 2008
ISBN 978-3-8248-0286-9
Alle Rechte vorbehalten
© Schulz-Kirchner Verlag GmbH, 2008
Mollweg 2, D-65510 Idstein
Vertretungsberechtigter Geschäftsführer: Dr. Ullrich Schulz-Kirchner
Titelfotos: www.photocase.com
Fachlektorat: Prof. Dr. Claudia Iven
Lektorat: Doris Zimmermann
Layout: Petra Jeck
Druck und Bindung: Elektra GmbH, Frankfurter Str. 24, 65527 Niedernhausen
Printed in Germany

Inhaltsverzeichnis

1	**Vorwort/Einleitung**	7
2	**Theoretischer Hintergrund**	9
2.1	Begriffsbestimmung Geschichte	9
2.2	Textlinguistische Grundlagen	9
	2.2.1 Kohärenz	9
	2.2.2 Kohäsion	10
2.3	Teile einer Geschichte	11
3	**Erzählfähigkeit**	13
3.1	Voraussetzungen für das mündliche Erzählen	13
3.2	Voraussetzungen für das schriftliche Erzählen	14
3.3	Entwicklungsstufen des Erzählens	14
3.4	Zusammenhang von Mündlichkeit und Schriftlichkeit	16
4	**Diagnose**	17
4.1	Diagnose der mündlichen Erzählfähigkeit	17
	4.1.1 Protokollierung	17
	4.1.2 Kategorisierung	18
	4.1.3 Feststellung der Erzählstufe	19
	4.1.4 Feststellung des Verhältnisses Bindewörter/Sätze	19
4.2	Diagnose der schriftlichen Erzählfähigkeit	20
	4.2.1 Der Diagnosebogen: Kohärenz, Kohäsion, Geschichtenverständnis, weitere Voraussetzungen, Sprachgebrauch, Eigenwahrnehmung	20
5	**Förderung/Therapie**	23
5.1	Förderung des mündlichen Erzählens	23
	5.1.1 Allgemeine Förderung des mündlichen Erzählens im Kindergarten/Elternhaus	23
	5.1.2 Systematische Förderung des mündlichen Erzählens nach erfolgter Diagnose	27
5.2	Allgemeine und systematische Förderung des schriftlichen Erzählens	29
	5.2.1 Hinweise zu den Spielen und Materialien	30
	5.2.2 Alle Geschichtenspiele im Überblick	31
6	**Spielanleitungen: Kohärenzspiele**	33
6.1	Die Geschichtenmaus (Geschichtstruktur)	34
6.2	Welcher Kopf? (Funktion und Bedeutung der Einleitung)	36

6.3	Das Bühnenspiel (Funktion und Formulierung der Einleitung)	38
6.4	Einleitungs-Bingo (Formulieren der Einleitung)	42
6.5	Was ist los? (Thema finden; Überschrift formulieren)	44
6.6	Was jetzt? Gefühle! (Interne Reaktion)	47
6.7	Was jetzt? Planspiel (Logische Pläne erkennen und formulieren)	50
6.8	Was jetzt? Was tun? (Lösungsversuch formulieren)	53
6.9	Was jetzt? Wird's was? (Ergebnisse formulieren)	56
6.10	Schluss-Rate-Spiel (Funktion der Schlusssätze erkennen)	58
7	**Spielanleitungen: Kohäsions- und Sprachspiele**	**61**
7.1	Geschichtenpuzzle (Kohäsionsmittel wahrnehmen)	62
7.2	Nicht schon wieder! (Wiederholungen erkennen)	65
7.3	Wechselgeschichten (Perspektivenwechsel wahrnehmen)	67
7.4	Pronomen-Memory (Beziehung Pronomen/Referenten erkennen)	69
7.5	Bindewortspiel (Klärung der Bedeutung durch wiederholten Gebrauch)	71
7.6	Wann war das? (Zeitlichen Zusammenhang wahrnehmen)	75
7.7	Sprechen und schreiben! (Mündliche/Schriftliche Sprache erkennen)	78
7.8	Was du nicht sagst! (Wortfeld „sagen")	82
7.9	Die Zeit läuft davon! (Wahrnehmung der Zeitstufe)	84
7.10	Puzzlebau (Geschichten ausbessern)	86
8	**Literaturliste**	**89**
9	**Anhang**	**91**

1 Vorwort/Einleitung

Vorwort

Wenn ein Dritt- oder Viertklässler in die Praxis kommt, den man bereits als Vorschulkind behandelt hat, ist dies keine ungetrübte Freude. Es ist zwar schön, dass die Familie sich wohlgefühlt hat und deshalb wieder kommt, aber die Frage an mich selbst bleibt nicht aus: Hätte ich das vorliegende Sprachproblem nicht schon damals erkennen und behandeln können?

Vor einigen Jahren häuften sich die Wiederkehrer. Vieles hatten sie gemeinsam: Die meisten hatten spät zu sprechen angefangen und waren als Vorschulkinder wegen Dysgrammatismus und Wortschatzschwäche in Behandlung. Sie waren zwar jetzt weitgehend sprachlich unauffällig, kamen aber wieder, weil sie nicht erzählen konnten. Schulische Aufsätze waren katastrophal. Die Mütter bestätigten, dass die Kinder auch mündlich nie erzählten und wohl auch nicht erzählen konnten. In diesen Fällen musste ich meine eigene Frage verneinen: Dieses Problem hätte ich nicht ausreichend behandeln können. Ich kannte kein Diagnoseverfahren, um eine Störung der Erzählfähigkeit mit der notwendigen Genauigkeit zu erfassen, und ich kannte auch nicht genügende Fördermöglichkeiten.

So entstanden diese Geschichtenspiele sowie auch ein informelles Verfahren, das ein genaues Erkennen des Problems ermöglichte. Beim Spielen erfuhren die Kinder nach und nach, dass sie doch die Sätze sinnvoll aneinanderreihen konnten. Ihre Erzählungen zeigten mir immer wieder Zwischenschritte im Lernprozess auf, die ich nicht gesehen hatte.

Ich möchte mich bei den Kindern bedanken für die vielen erzählten und mitgebrachten Geschichten und für das Mitspielen, das mir zeigte, wie ich die Spiele ändern musste. Ebenfalls danke ich Frau Sandra Schütz und Frau Claudia Schmaußer für die fachkundigen Hilfestellungen. Frau Zimmermann und Frau Jeck vom Schulz-Kirchner Verlag bin ich dankbar für das sorgfältige Lektorat und die Lösung der Layout-Probleme.

So werden hoffentlich jetzt mehr Kinder ihre eigene Geschichte erzählen können.

Einleitung

Die folgende Unterhaltung wird allen, die mit Kindern zu tun haben, bekannt vorkommen:

> *„Was habt ihr heute Morgen gemacht?"*
> *„Tierpark."*

Dieses Kind kann keine Geschichte erzählen. Wenn es keine sozialen Störungen aufweist und wenn die Differenzialdiagnose altersgemäße Leistungen im Sprachverständnis, im Wortschatz und in der Grammatik ergibt, dann scheint das Problem eine unzureichende Entwicklung der Erzählfähigkeit zu sein.

Konkrete Vorgehensweisen zur Weiterentwicklung der einzelnen Teilfähigkeiten der komplexen Leistung „Erzählen" werden in diesem Buch vorgestellt. Nach einer kurzen Darstellung des theoretischen Hintergrundes des Erzählens werden im weiteren Verlauf Möglichkeiten zur Diagnose und Förderung bzw.

Therapie aufgezeigt. Der Begriff „Erwachsene" soll die Person bezeichnen, welche die Erzählfähigkeit des Kindes weiterentwickeln will, sei diese Person fördernd, lehrend oder therapeutisch tätig.

2 Theoretischer Hintergrund

2.1 Begriffsbestimmung Geschichte

Zunächst muss der Unterschied zwischen einer Erzählung bzw. Geschichte und einer Beschreibung näher betrachtet werden:

Eine **Erzählung oder Geschichte** ist eine systematische Strukturierung von thematisch orientierten Einzelheiten, die erfunden oder erlebt sein können. Sie beinhaltet eine Weiterentwicklung. Besonders diese Weiterentwicklung sowie auch die dazu notwendige Ordnung der Einzelheiten heben eine Geschichte von einer einfachen Beschreibung ab.

Eine Geschichte als Antwort auf die eingangs gestellte Frage hätte so aussehen können: *„Wir sind in den Tierpark gefahren – mit dem Bus. Bei den Affen haben wir Peter verloren, weil er sie zu lange angeschaut hat. Die Lehrerin war ganz aufgeregt. Wir haben ihn alle gesucht und ein Tierwärter hörte ihn rufen. Der Tierwärter hat ihn gleich gefunden. Danach hat er besser aufgepasst, dass er uns nicht noch einmal verliert."* Diese Geschichte ist für ein fünf- bis siebenjähriges Kind angemessen.

Im Gegensatz zu einer Erzählung hätte eine **Beschreibung** als Reaktion auf die eingangs gestellte Frage wie folgt aussehen können: *„Wir waren im Tierpark, mit dem Bus. Da haben wir Affen gesehen und Elefanten. Es war sehr heiß, aber es hat Spaß gemacht."*

Dies ist **keine** Geschichte. Als Beschreibung ist sie zwar thematisch orientiert; eine Struktur, welche die Ordnung der Einzelheiten fördert, spielt aber nur eine untergeordnete Rolle, da es keine Weiterentwicklung gibt. Wenn man weiß, dass dieses Kind auch eine Geschichte wie die obige vom verlorenen Kind erzählen könnte, besteht hier kein Grund zum Eingreifen. Die Beschreibung ist eine Vorstufe (oder auch ein Teil) der Geschichte: Spätestens ab dem fünften Lebensjahr sollte ein Kind aber öfter kleine Geschichten erzählen.

2.2 Textlinguistische Grundlagen

Die Textlinguistik ermöglicht ein besseres Verständnis der Struktur, der typischen Bestandteile und des Wesens mündlicher und schriftlicher Geschichten und Texte. Die zwei textlinguistischen Prinzipien **Kohärenz** und **Kohäsion** bilden die zwei „stützenden Säulen" der im Folgenden dargestellten Prinzipien zur Weiterentwicklung der Erzählfähigkeit.

2.2.1 Kohärenz

Nach Linke et al. (1994) bezieht sich die **Kohärenz** auf die Texttiefenstruktur. Aus Sicht der Kohärenz ist der Text ein komplex strukturiertes Ganzes, dessen Durchgliederung kommunikativ, konzeptionell und thematisch begründet wird. Die Kohärenz lässt sich sehr vereinfacht durch das Sinnbild des „roten Fadens" veranschaulichen: Unterstützt durch das aktive Mitdenken des Zuhörers oder Lesers liefert die Struktur Hintergrundinformationen, die ein Verständnis erleichtern.

Die Tiefenstruktur einer Geschichte wird u.a. durch die Aufteilung in Teile erreicht, die verschiedene Funktionen erfüllen. Zum Beispiel soll die Einleitung den Zuhörer oder Leser ausreichend über den Hintergrund des Geschehens informieren. Die Teile einer Geschichte werden später weiter ausgeführt; die Erfassung und Förderung eines altersgerechten Einsatzes dieser Strukturen werden im praktischen Teil dieser Ausführungen behandelt.

2.2.2 Kohäsion

Die **Kohäsion** bezieht sich im Gegensatz zur Kohärenz auf die Oberflächenstruktur, also auf den Zusammenhang der Sätze. Sprachteile, die syntaktisch oder semantisch aufeinander bezogen sind, werden als „Kohäsionsmittel" bezeichnet, die eine „Kohäsion", also Zusammenhalt, ermöglichen. Im Folgenden werden ausgesuchte Kohäsionsmittel konkret herausgegriffen, die für Kinder im Grundschulalter besonders relevant erscheinen. Die Mehrzahl dieser Kohäsionsmittel findet sich in der Diagnostik und Förderung wieder (s. unten).

Rekurrenz

Unter Rekurrenz versteht man das wiederholte Auftreten eines Wortes oder einer größeren sprachlichen Einheit. Dabei lässt sich zwischen einer partiellen Rekurrenz, die oft verständnisfördernd wirkt (zum Beispiel *„der spannende Abend"* → *„der Abend"*), und einer wortwörtlichen Rekurrenz, die eher störend wirken kann (zum Beispiel *„der spannende Abend"* → *„der spannende Abend"*), unterscheiden.

Substitution

Unter Substitution versteht man das Ersetzen einer sprachlichen Einheit durch eine andere. Beide beziehen sich auf dasselbe außersprachliche Element und stehen in einem gewissen Verhältnis, zum Beispiel Synonymie (Gleichordnung, zum Beispiel *„Klara"* → *„die Schwester"*) oder Hyperonymie (Überordnung, zum Beispiel *„der Tiger"* → *„das Tier"*).

Pro-Formen

Die Ersetzungen durch sogenannte Pro-Formen (hier Pronomen) sind von der Substitution durch Synonyme zu unterscheiden. Pro-Formen selbst sind „inhaltsleer", verweisen aber auf ein „Inhaltswort", das entweder anaphorisch (auf eine Stelle weiter zurück im Text weisend) oder kataphorisch (auf eine Stelle weiter vorne im Text weisend) sein kann. Anaphorisch (rückwärts) wäre zum Beispiel: *„Der Junge bekommt ein Geschenk. Er freut sich sehr"*; kataphorisch (vorwärts) wäre zum Beispiel: *„Ihr Fuß hatte nie die Erde berührt: Die junge Prinzessin wurde immer von Dienern getragen"*.

Tempus

Gerade in erzählenden Texten ist das Tempus, das heißt die Zeitstufe, als Kohäsionsmittel von Bedeutung. Das erste Mittel, das einen zeitlichen Zusammenhalt anzeigt, ist die Präsentation der Handlung in der gleichen Zeitstufe. Für Geschichten im Schulalter wird meist das Präteritum verlangt. Die Verwendung dieser umgangssprachlich kaum genutzten Zeitstufe bereitet den Kindern oft Schwierigkeiten.
Außer durch die Zeitstufe können die Zeit und ihre Auswirkung auf die Weiterentwicklung der Geschichte auch durch Adverbien oder Kontextualisierung verständlich gemacht werden.

Konnektive

Als Bindeglieder nicht nur im Satz, sondern auch im Text fungieren Konjunktionen (*und, weil ...*) und Konjunktionaladverbien (*deswegen ...*). Konjunktionen verbinden Satzteile, Nebensätze und Hauptsätze miteinander. Konjunktionaladverbien bringen Zustände und Sachverhalte miteinander in Beziehung und verbinden sie miteinander wie auch Konjunktionen. Durch diese sprachlichen Verbindungen entstehen verständniserleichternde Haupt- und Nebensatzkonstruktionen sowie Satzübergänge, die ein flüssiges Lesen und Mitdenken ermöglichen. Konjunktionen und Konjunktionaladverbien werden im Folgenden mit „Bindewort" umschrieben. Eine solche Zusammenfassung ist zwar etwas problematisch, denn Konjunktionaladverbien setzen nicht immer komplexe Sätze voraus; jedoch erfüllen beide Wortarten die gleiche kohäsive Funktion.

Situationsdeixis

Auch sprachliche Elemente, die eher semantisch zueinander in Beziehung stehen, tragen zur Kohäsion bei, indem sie situationsdeiktisch wirken (*dort will sie ...*). Das heißt, diese Elemente verweisen auf etwas und bringen es so in die Unterhaltung hinein. Dieses sind oft Adverbien oder Umstandswörter des Ortes.

In eine Erweiterung dieser Kategorie können auch andere sprachliche Mittel fallen, die ein Verstehen der Hintergründe erleichtern (zum Beispiel wirkt ein Anpassen der wörtlichen Rede an den Sprecher als zusätzliche Charakterisierung dieser Person und damit als indirekter Hinweis auf sie).

2.3 Teile einer Geschichte

Vor dem textlinguistischen Hintergrund sollen nun im Sinne der Kohärenz die Teile einer Geschichte (angelehnt an Stein/Glenn, 1979) dargestellt werden.

Eine einfache Geschichte kann aus den folgenden Teilen bestehen:

Entspricht Einteilung der Schule	Teil	Beschreibung	Beispiel
Einleitung	1. Kulisse	Orientiert Zuhörer bzw. Leser; stellt Hauptfigur vor (Protagonist); erzählt wer, wo, was, wann, wie, warum	Wir sind in den Tierpark gefahren.
Hauptteil	2. Verursachendes Geschehen	Stellt Thema oder Problem dar: „was ist los"	Bei den Affen haben wir Peter verloren, weil er sie zu lange angeschaut hat.
	3. Plan	Überlegungen zur Lösung (Weiterentwicklung)	Die Lehrerin wollte ihn suchen.
	4. Lösungsversuch, Aktion	Umsetzung der Pläne (Weiterentwicklung)	Wir haben ihn alle gesucht.
	5. Interne Reaktion (kann an fast jeder Stelle vorkommen)	Gedanken oder Gefühle (Spannung durch Empathie des Zuhörers/Lesers)	Die Lehrerin war ganz aufgeregt. ... ein Tierwärter hörte ihn rufen.
	6. Ergebnis der Aktion	Ergebnis (logische Folge der Aktion)	Der Tierwärter hat ihn gleich gefunden.
Schluss	7. Zusammenfassung; Gedanken/Gefühle; Hauptfigur (Protagonist) hat gelernt; Reflexion über Zukunft; Moral	Rundet ab, fasst zusammen, zeigt innere Reaktionen oder Lerninhalte auf	Danach hat er besser aufgepasst, dass er uns nicht noch einmal verliert.

Übersicht 1: Die Teile einer Geschichte, angelehnt an Stein/Glenn (1979)

Besonders zu beachten ist die Tatsache, dass in der Entwicklung der kindlichen Erzählfähigkeit die Teile einer Geschichte **nicht** in dieser Reihenfolge erscheinen. „Kulisse" zum Beispiel tritt bei Kindern oftmals erst ab dem Schulalter auf (s. unten). Vielleicht weist dieses späte Erscheinen auf die nur langsam wachsende pragmatische Fähigkeit hin, den Wissensstand des Zuhörers einschätzen zu können. Auch ist die hier wiedergegebene Reihenfolge innerhalb der Geschichte nicht ganz zwingend: „Interne Reaktion" zum Beispiel kann in jedem Geschichtenteil vorkommen.

3 Erzählfähigkeit

3.1 Voraussetzungen für das mündliche Erzählen

Folgende miteinander verwobene soziale und sprachliche Fähigkeiten sind Voraussetzungen für das mündliche Erzählen.

a) „Theory of Mind" (Theorie des Geistes): Das Kind muss verstehen, dass der Zuhörer nicht den gleichen Wissensstand hat wie es selbst. Das Kind muss also nachvollziehen und sprachlich umsetzen können, dass der Gesprächspartner bei dem besprochenen Ereignis nicht anwesend war, und daher nicht so viel weiß wie das Kind selbst. In der Geschichte vom Tierpark werden die nötigen Vorinformationen gegeben, nämlich dass die ganze Kindergruppe in den Tierpark gefahren ist. Eine zu wortkarge Antwort („Tierpark") kann ein Hinweis darauf sein, dass das Kind die Unwissenheit des Fragestellers nicht wahrnimmt. Es nimmt an, dass der Gesprächspartner mit der Angabe des Themas alle damit verbundenen Einzelheiten weiß. Allerdings können wortkarge Antworten auch darauf hinweisen, dass der Gesprächspartner nur allzu bereit ist, solche Antworten anzunehmen und selbst nachfragend weiterzuentwickeln. Eine dritte Möglichkeit ist, dass Ein-Wort-Antworten auf eine bestehende schwerwiegende Wortschatz- und Grammatikschwäche hinweisen: Diese ist differenzialdiagnostisch auszuschließen.

b) Ein altersgemäß entwickeltes allgemeines Weltwissen: Bei dem obigen Geschichtenbeispiel versteht das Kind, dass es gefährlich ist, während des Ausflugs die Gruppe zu verlassen. Deshalb erkennt es auch das Thema der Geschichte als „erzählwürdig".

c) Ausreichende semantische, morphologische und syntaktische Kenntnisse, um das Vorhaben bzw. die Aufgabe auch sprachlich zu verstehen und die Inhalte verständlich darstellen zu können. Die Reihenfolge sowie auch der Zusammenhang der Einzelheiten müssen durch Pronomen, Bindewörter usw. verständlich gemacht werden (s. Kohäsion).

d) Kenntnis um die „Grammatik der Geschichte", das heißt die Struktur, die eine Erzählung verständlich macht (s. Kohärenz). Diese Kenntnisse beginnen sich meist zwischen dem vierten und fünften Lebensjahr zu entwickeln.

e) Das Erinnerungsvermögen für Einzelheiten.

f) Die Fähigkeit, sie in richtiger Reihenfolge wiederzugeben.

g) Die Fähigkeit, Zusammenhänge zu erkennen und logische Schlüsse zu ziehen: Nicht selten treten bei Kindern die ersten kleinen Geschichten gleichzeitig mit den ersten Nebensätzen auf. Dadurch zeigt sich die geistige und sprachliche Entwicklung des kausalen Denkens. In der obigen Geschichte wurde beispielsweise der Zusammenhang zwischen dem großen Interesse an den Affen und dem Verlorengehen erkannt und erzählt.

h) Die Fähigkeit, Wesentliches von Unwesentlichem zu trennen: Produziert das Kind statt Geschichten nur Beschreibungen, kann es sein, dass es die wichtigsten Geschehnisse nicht als solche erkennt.

3.2 Voraussetzungen für das schriftliche Erzählen

Die erste Voraussetzung für das schriftliche Erzählen ist die mündliche Erzählfähigkeit, welche sich aus den oben angegebenen Fähigkeiten zusammensetzt. Weitere Voraussetzungen stellen folgende soziale und sprachliche Fähigkeiten dar:

a) Das schriftliche Erzählen erfordert eine Weiterentwicklung der „Theory of Mind" (Theorie des Geistes"), nämlich die wichtige Einsicht des Kindes, dass der Leser **weder** während des Ereignisses **noch** während des Erzählens anwesend ist. Der Leser erlebt das Ereignis und das Erzählen der Geschichte erst zu einem späteren Zeitpunkt, als es erzählt bzw. geschrieben wird. Da während des schriftlichen Erzählens die Informationsquellen der Mimik, der Körpersprache und der Stimme fehlen, können Missverständnisse wesentlich leichter auftreten; sie können auch nicht durch Nachfragen geklärt werden. Gerade in der Schule muss das Kind lernen, dass es dementsprechend erzählen muss und zwar sogar dann, wenn es unsinnig erscheint. Beispielsweise muss es so schreiben, als würde die Lehrerin die Bildergeschichte, die sie selbst als Ausgangspunkt des Aufsatzes gerade ausgeteilt hat, nicht kennen.

b) Das Kind muss seine Erzählerrolle (Perspektive) erkennen, das heißt, dass es durchgehend entweder in der ersten oder der dritten Person schreiben muss.

c) Das Kind muss die Fähigkeit des „Code-Switching" entwickeln, das heißt, es muss anfangen, die gesprochene und die schriftliche Sprache situationsgerecht einzusetzen. So muss es beispielsweise „sie setzte sich" und nicht „sie hockte sich hin" schreiben.

d) Das Kind muss seine geschriebene Sprache **unabhängig vom Inhalt** kontrollieren können. Es muss orthografische und grammatikalische Fehler in seiner Geschichte erkennen und verbessern können. Schreibt ein Kind, das normalerweise korrekte Rechtschreibung und Sätze produziert, Geschichten mit vielen Rechtschreibfehlern bzw. grammatikalisch falschen Sätzen, weist dies auf eine noch schwache Ausprägung der Fähigkeit hin. Eine Zunahme der Fehler in den mittleren und letzten Teilen der Geschichte zeigt eine sich noch in der Entwicklung befindende Kontrollfähigkeit auf: Sobald die Technik des Erzählens die Aufmerksamkeit des Kindes in Anspruch nimmt, greift die Kontrollfähigkeit für die Rechtschreibung und Grammatik nicht mehr.

e) In der Schule muss das Kind die Anweisung der Lehrerin für das Schreiben der Geschichte verstehen können (Sprachverständnis). Bei schriftlichen Anweisungen kommt das Lesesinnverständnis hinzu.

f) Bei Bildergeschichten muss das Kind die Bilder „lesen" können, das heißt Einzelheiten erkennen und deuten können.

3.3 Entwicklungsstufen des Erzählens

Sobald Kinder geistig so weit entwickelt sind, dass sie über etwas sprechen können, das nicht gegenwärtig ist, fangen sie an zu erzählen: Ihre **generelle Erzählfähigkeit** entwickelt sich nun ständig weiter. Auch anhand der kleinen Alltagsgeschichten von Vorschul- und Schulkindern wird deutlich, inwieweit sich die Fähigkeit des Erzählens entwickelt hat. Zweckmäßige Geschichten werden vom Zuhörer ohne viel Nachfragen verstanden. Diese Geschichten sind systematisch strukturiert, thematisch orientiert und so angelegt, dass eine Weiterentwicklung oder eine Lösung vorhanden und verständlich ist. Einige Stufen der Entwicklung der Erzählfähigkeit sind unten aufgeführt.

Stufe	Merkmale	Alter	Beispiel
0 Vor-Stufe	Thematisch klar zugeordnet, aber ohne Weiterentwicklung, isolierte Beschreibungen, „Häufungen"	Ca. ab 2 Jahren	Tierpark Papa Auto kaputt
1	Kein echter Gebrauch der Teile einer Geschichte (s.o.). Die Kinder benennen, beschreiben: Geschehnisse, Aktionen, Sachen. Kein zentrales Thema	Ab ca. 2-3 Jahren	Da bauen sie ein Haus. Da legen sie Dächer rauf. Fenster ... Türen... Holz malen. Ein Mädchen, ein Jägerstand. Ich klettere immer hoch.
2	Zentrales Thema, kann einzelne erkennbare Geschichtenteile enthalten, noch ohne klare Weiterentwicklung	3-4 Jahre	Heute war ich im Auto mit Mama. Wir sind ins Geschäft gegangen. Dann haben wir Eis gekauft. Dann sind wir in die Bank gegangen.
3	Kurze, aber vollständige Geschichte mit verursachendem Geschehen (kann Problem sein), Lösungsversuch und Ergebnis; logische Weiterentwicklung sowie auch meistens Nebensätze mit Konjunktionen wie: weil, dass, bis usw.	5-7 Jahre	Georgs Katze konnte aus einem großen Ahornbaum nicht runter, weil der so hoch war. Sein Vater holte eine Leiter. Er kletterte hoch und holte die Katze.
4	Wie 3, mit einem zusätzlichen Teil einer Geschichte	5-7 Jahre	Wie 3 + „Sie hatte ganz viel Angst." (Interne Reaktion)
5	Wie 4, mit einem zusätzlichen Teil einer Geschichte	5-7 Jahre	Wie 4 + „Jetzt muss sie immer im Haus bleiben." (Abschluss)
6	6 Geschichtenteile oder mehr	Ab Schulalter	Wie 5 + zum Beispiel Einleitung: „Gestern war Georg lange im Garten."

Übersicht 2: Entwicklungsstufen des Erzählens, weiterentwickelt von Larson und McKinley (1995), Hutson-Nechkash (1990) und Gilmore/Klecan-Aker/Owen (1999)

Fortgeschrittenere Geschichten bestehen aus mehr als den hier genannten sechs Teilen und aus mehr als einer Episode. Auf kompliziertere Geschichten soll hier aber nicht eingegangen werden, denn die angegebenen Geschichtenteile reichen aus, um die Struktur einer Geschichte zu beurteilen. Geschichten mit sechs Teilen sollte ein Kind etwa ab Schulalter erzählen, wobei aber nicht alle seiner Erzählungen so viele Teile enthalten müssen.

3.4 Zusammenhang von Mündlichkeit und Schriftlichkeit

Laut- und Schriftsprache beeinflussen sich wechselseitig. Nach Reber (2003) gibt die Lautsprache eine Orientierungshilfe für die Schriftsprache. Nicht nur in den Bereichen Phonologie, Morphologie, Semantik und Syntax, sondern auch im oft vernachlässigten Bereich der Pragmatik überträgt das Kind sein lautsprachliches Wissen direkt auf die Schriftsprache. Im Gegenzug entwickelt das Kind durch den Schriftspracherwerb die Fähigkeit, auch mündlich auf komplexerem Niveau und mit den Stilmitteln der Schriftsprache – wie beispielsweise mit komplexeren Sätzen oder einem differenzierteren Wortschatz – erzählen zu können.

Das bewusste Nachdenken und Sprechen über Sprache ist eine zentrale metalinguistische Tätigkeit (vgl. Reber, 2003). Der Einsatz von metalinguistischen Fähigkeiten wirkt sich sowohl auf die Lautsprache als auch auf die Schriftsprache positiv aus. Bei den Geschichtenspielen wird primär in Form der Metapragmatik gerade von diesem Phänomen Gebrauch gemacht.

4 Diagnose

Eine Förderung der Erzählfähigkeit setzt eine gezielte Diagnose voraus. Diese Diagnose sollte von Fachkräften für Sprachbehandlung durchgeführt werden. Bei der unten beschriebenen therapieimmanenten Diagnose geben die fehlenden Geschichtenteile und sprachlichen Fähigkeiten die Ziele vor. **Eine Diagnose des mündlichen Erzählens sollte immer erfolgen, auch wenn die Förderung des schriftlichen Erzählens das eigentliche Ziel darstellt.** Gelingt das mündliche Erzählen nicht, so kann auch der schriftliche Sprachausdruck mit Sicherheit nicht entsprechend der kindlichen Fähigkeiten gefördert werden.

Bei nicht altersgemäßem Niveau der Sprachentwicklung kann eine allgemeine Förderung der Erzählfähigkeit auch mit jüngeren Kindern zum Beispiel im Elternhaus unternommen werden (s. unten 5.1). Eine systematische, von Fachkräften für Sprachbehandlung durchgeführte Förderung der Erzählfähigkeit ist meist nur bei Vorschul- oder Schulkindern angemessen. Dabei ist das Erzählen auf der dritten Entwicklungsstufe für ein Vorschulkind noch entwicklungsgemäß.

4.1 Diagnose der mündlichen Erzählfähigkeit

Dieser erste Teil der Diagnose der mündlichen Erzählfähigkeit ergibt eine detailliertere Sicht der Kohärenz der Geschichte. Um eine Momentaufnahme der Erzählfähigkeit zu bekommen, wird das Kind aufgefordert, zu einem Bild oder Satz eine Geschichte zu erfinden. Diese Geschichte wird dann mit der unten aufgeführten Methode analysiert, um ihre Struktur (Kohärenz) zu prüfen. Durch die Feststellung des Verhältnisses von Bindewörtern zu Sätzen wird auch ein Aspekt der Kohäsion überprüft. Die Befunde werden in den Diagnosebogen eingetragen. Bei vielen Kindern ist diese Diagnose ausreichend.

Ist die Störung der Erzählfähigkeit schwerwiegender, können auch die **Voraussetzungen** und u.U. weitere **Aspekte der Kohäsion** näher betrachtet werden. Dies läuft ähnlich ab wie die Diagnose des schriftlichen Erzählens (s. 4.2), wobei für die Überprüfung der mündlichen Erzählfähigkeit es sich natürlich erübrigt, Merkmale der Schriftsprache wie z.B. Rechtschreibung zu überprüfen.

Die Erzählfähigkeit sollte nach Möglichkeit in einer Einzelsitzung festgestellt werden, da die Erzählung des Kindes durch eine Gruppe gehemmt werden könnte.

Kurzbeispiele zur Diagnose mündlicher Geschichten sind im Anhang 3 aufgeführt.

4.1.1 Protokollierung

Um die Aufgabe „Erfinden einer Geschichte" zu verdeutlichen, erfindet und erzählt zuerst der Erwachsene selbst anhand eines Bildes oder eines Fotos eine Geschichte, die mindestens auf der dritten Entwicklungsstufe sein muss. Im Anschluss daran fordert der Erwachsene das Kind auf, eine Geschichte über ein anderes Bild zu erfinden. Der Erwachsene sollte von **mindestens drei Geschichten ein Protokoll** erstellen. Ein unmittelbares schriftliches Protokollieren besitzt den Vorteil, den Redefluss meist zu steigern, während eine Tonbandaufnahme dagegen auf Kinder oft hemmend wirkt.

Zum Weitererzählen darf nur mit „und dann?" oder „noch etwas?" aufgefordert werden, damit keine Struktur durch die Frage vorgegeben wird.

Fotos vergangener Aktivitäten des Kindes, über die es etwas zu erzählen weiß, sind von Vorteil. Ideal sind dabei Fotos von Situationen, in denen der jetzt prüfende Erwachsene nicht anwesend war, da so eine echte Mitteilungssituation entsteht. Eine der drei Geschichten sollte möglichst eine „Fortsetzungsgeschichte" sein: Der Erwachsene gibt einen Satz mit hohem Aufforderungscharakter vor und fordert das Kind auf, die Geschichte zu Ende zu erzählen. Ein typischer Aufforderungssatz wäre beispielsweise „Peter lag schon im Bett, als er plötzlich einen lauten Knall hörte". Selbstverständlich muss der Inhalt dieses Satzes dem Alter des Kindes angepasst werden.

Kinder, die mit einem einzigen Bild oder Foto keine Geschichte erfinden können, dürfen anhand von Bildergeschichten erzählen. Dies muss allerdings unbedingt auf dem Diagnosebogen neben „Erzählstufe" notiert werden. Die Teile der Geschichte sind nämlich durch die Bildergeschichte zumindest teilweise vorgegeben: So ist diese Leistung nicht so hoch einzustufen wie das Erzählen nach einem einzigen Bild (Schneider et al., 2006).

- Eine Fehlerquelle, die nicht außer Acht gelassen werden darf, sind die Bilder selbst. Haben die Kinder Schwierigkeiten, Bilder zu verstehen, werden sie nicht oder nur schlecht erzählen können. Wird dieses Problem vermutet, so kann der Erwachsene eine Geschichte beispielsweise mit Handpuppen darstellen und erzählen lassen. Auch dies muss auf dem Diagnosebogen notiert werden.

- Eine weitere Fehlerquelle kann die künstliche Erzählsituation sein. Das Kind weiß, dass der Erwachsene das Bild sehen kann und versteht deshalb nicht, weshalb es davon erzählen soll. Auch dieses Problem kann der Erwachsene durch ein kurzes Theaterstück lösen, zu dem gemeinsam überlegt werden kann, wie später den Eltern davon erzählt wird.

4.1.2 *Kategorisierung*

Bei der Kategorisierung wird allen Sätzen der Geschichte mindestens eine Zahl zugeordnet, die einem Geschichtenteil entspricht (s. Übersicht 1: zum Beispiel „Wir sind in den Tierpark gefahren" [1, Kulisse] oder „Die Lehrerin war ganz aufgeregt" [5, Interne Reaktion]).

Die korrekt angewandte wörtliche Rede ist meist Zeichen einer weiterentwickelten metasprachlichen Fähigkeit. So kann wörtliche Rede in jeder der Kategorien auftreten und wird in der jeweiligen Kategorie kodiert, dann zusätzlich aber noch mit „WR" (wörtliche Rede) dokumentiert (zum Beispiel „Sie weinte: ‚Ich habe so Angst!'" [5, WR]).

Das Vorhandensein der Geschichtenteile, die durch die Kategorisierung ermittelt wurden, wird in den ersten Teil des Diagnosebogens (s. Anhang 2) eingetragen, wobei die drei erzählten Geschichten durch „G1", „G2", „G3" (Geschichte 1, 2 und 3) unterschieden werden. Gleichzeitig wird eingetragen, ob der betreffende Teil ausreichend und logisch ist, so dass es keine „Gedankensprünge" gibt.

Hier muss angemerkt werden, dass das Kategorisieren nicht ein einfaches Sortieren ist. Oft tauchen Sätze auf, die am Übergang von einem Geschichtenteil zum anderen sind und scheinbar in beide gehören. Diese Entscheidungen sollten nicht allzu viel Zeit in Anspruch nehmen, denn der Zweck der Kategorisierung ist die Feststellung fehlender Geschichtenteile. Fehlen wichtige Teile ganz, d.h. wird ihre Funktion durch kein Teil der Geschichte wahrgenommen, so ist die Kohärenz deutlich merkbar gestört, wie die Beispiele im Anhang 3 und 4 zeigen. Die fehlenden Geschichtenteile geben den Ansatzpunkt für die Therapie.

4.1.3 *Feststellung der Erzählstufe*

Anhand der kategorisierten Geschichtenteile stellt der Erwachsene fest, auf welcher Erzählstufe die Geschichte erzählt wurde (s. Übersicht 2). Die festgestellte Erzählstufe (sowohl vom mündlichen wie u.U. später auch vom schriftlichen Erzählen) wird ganz oben auf den Diagnosebogen eingetragen. Unterscheiden sich die Erzählstufen der einzelnen Geschichten, wird über die eingekreiste Zahl „G1", „G2" (Geschichte 1, Geschichte 2 usw.) eingetragen.

4.1.4 *Feststellung des Verhältnisses Bindewörter/Sätze*

Der Satz: „Heute ist es kalt" ist ein einfacher Satz. Der Satz: „Die Frau arbeitete den ganzen Tag, aber sie wurde nicht fertig" ist ein komplexer Satz, bestehend aus zwei Teilsätzen, die beigeordnete Hauptsätze sind. Der Satz: „Die Kinder sprangen in den Fluss, weil ihnen so heiß war.", ebenfalls ein komplexer Satz, besteht auch aus zwei Teilsätzen, in diesem Fall aus einem Hauptsatz und einem untergeordneten Nebensatz. Konjunktionen, die Satzteile verbinden, sowie auch die Art der Gegenüberstellung geben zusätzliche syntaktische Informationen. Auch Konjunktionaladverbien bringen Zustände und Sachverhalte miteinander in Beziehung und verbinden sie miteinander, z.B. „Allerdings kam sie zu spät". Konjunktionen und Konjunktionaladverbien werden hier mit „Bindewort" umschrieben. Konjunktionaladverbien setzen zwar nicht immer komplexe Sätze voraus; beide Wortarten erfüllen aber die gleiche kohäsive Funktion.

Die durch sie vermittelten syntaktischen Informationen optimieren ein Verstehen der Zusammenhänge, das durch eine Aneinanderreihung von einfachen Sätzen nicht vermittelt werden kann. Komplexe Sätze, die aus Haupt- und Nebensatz oder aus beigeordneten Hauptsätzen bestehen, sowie auch Sätze mit Konjunktionaladverbien erklären Zusammenhänge besser, sind aber auch schwerer zu verstehen und zu produzieren. Kinder, die solche Sätze anwenden, können die Ursachen der Geschehnisse in der Geschichte verständlicher darstellen. So erzählen sie meistens auf Erzählstufe 3 oder darüber. Die Anwendung von Bindewörtern zeigt eine geistige Leistung an, die meistens mit dem Verständnis des sich logisch weiterentwickelnden Charakters einer Geschichte einhergeht. Sie stellen einen zusätzlichen Hinweis für die Erzählfähigkeit dar.

Anhand der Geschichtenprotokolle wird die Zahl der Bindewörter im Verhältnis zur Zahl der Sätze in der Geschichte errechnet und auf der zweiten Seite im Diagnosebogen notiert. Ein niedriges Verhältnis (zum Beispiel 1/6, also ein Bindewort zu sechs Sätzen) bedeutet, dass das Kind komplexere Sätze kaum anwendet. Es werden auch die verwendeten Bindewörter notiert, weil es durchaus von Bedeutung ist, ob nur „und" sowie „oder" angewendet werden, oder Wörter wie „obwohl" und „bis". Zusätzlich wird notiert, ob die angewendeten Bindewörter semantisch korrekt waren.

4.2 Diagnose der schriftlichen Erzählfähigkeit

Auch wenn die Förderung des schriftlichen Erzählens das eigentliche Ziel darstellt, sollte eine Diagnose des mündlichen Erzählens vorausgehen (s. 4.1). Gelingt das mündliche Erzählen nicht, so kann auch der schriftliche Sprachausdruck mit Sicherheit nicht entsprechend der kindlichen Fähigkeiten gefördert werden.

Um eine Diagnose des schriftlichen Erzählens zu stellen, sind zwei oder drei Geschichten notwendig. Aufsätze, die in oder für die Schule erstellt werden, sind dabei sehr aufschlussreich, da sie durch ihre Länge deutlich zeigen, ob sich beispielsweise die Umsetzung der Regeln des Erzählens, der Orthografie oder der Grammatik im Laufe des Textes verschlechtern. Allerdings ist es unabdingbar, auch kürzere Geschichten schreiben zu lassen, da dadurch eine Diagnose der Kohärenz wesentlich vereinfacht wird. Somit kann der Erwachsene auch erkennen, inwieweit die Umsetzung besser gelingt, wenn das Kind sich weniger lang konzentrieren muss. Wie bei der Diagnose der mündlichen Erzählfähigkeit sollte auch bei der schriftlichen Erzählfähigkeit möglichst eine der Geschichten „weitererzählt" werden, das heißt ein Einleitungssatz von hohem Aufforderungscharakter wird vorgegeben.

Die konkrete Diagnose der schriftlichen Erzählfähigkeit beinhaltet folgende Teile:

1) die Kategorisierung aller Sätze der Geschichte, s. hierzu Diagnose der mündlichen Erzählfähigkeit 4.1.2
2) die Feststellung der Erzählstufe, welche eine konkretere Betrachtung der **Kohärenz** ergibt, s. hierzu Diagnose der mündlichen Erzählfähigkeit 4.1.3
3) die Feststellung des **Verhältnisses Bindewörter/Sätze**, s. hierzu Diagnose der mündlichen Erzählfähigkeit 4.1.4
4) eine Einschätzung des **Geschichtenverständnisses**, s. 4.2.1
5) die Analyse der Geschichten anhand des Diagnosebogens (s. Anhang 2), der nicht nur die Kohärenz erfasst, sondern auch eine detailliertere Betrachtung der **Voraussetzungen, der Kohäsion und des Sprachgebrauchs** erlaubt, s. unten

Mündliche wie auch schriftliche Geschichten können sowohl aus einer Episode als auch aus mehreren bestehen. Meist weist die schriftliche Geschichte mehr Teile auf als eine mündliche. Im Allgemeinen reichen aber die oben aufgeführten Geschichtenteile aus (s. 2.3), um die Kohärenz eingehend zu betrachten.

4.2.1 Der Diagnosebogen: Kohärenz, Kohäsion, Geschichtenverständnis, weitere Voraussetzungen, Sprachgebrauch, Eigenwahrnehmung

Der Diagnosebogen (s. Anhang 2) beinhaltet folgende Teile:
In der **Kopfzeile** wird der Name des Kindes eingetragen. Weiter rechts kann das Datum der Protokollierung genau über das Geburtsdatum eingetragen werden. Wenn diese Daten in der Reihenfolge Jahr/Monat/Tag notiert werden, kann das Geburtsdatum vom Testdatum abgezogen werden, um das genaue Alter zu errechnen (s. Beispiel, Anhang 2.1).

Die anhand der Kategorisierung festgestellte **Erzählstufe** (s. 4.1.2, 4.1.3) wird – wie bei der mündlichen Diagnose – in die erste Zeile des Diagnosebogens eingetragen. Unterscheiden sich die Erzählstufen der einzelnen Geschichten, wird über die eingekreiste Zahl „G1", „G2" (Geschichte 1, Geschichte 2 usw.) eingetragen.

Das „**Geschichtenverständnis**" gibt einen zusätzlichen Hinweis auf die Erzählfähigkeit. Dies wird mündlich (!) überprüft mit der „Textgeschichte der Maus", eine kurze Geschichte aus dem „LÜK"-Lernsystem (Baumgartl & Vogel, 2008), zu der nach dem Vorlesen zwölf Fragen gestellt werden (s. Anhang 2.3). Völlig valide ist diese Untersuchung sicher nicht, denn sie prüft ebenfalls Sprachverständnis und Kurzzeitgedächtnis. Ohne die Fähigkeit, syntaktisch komplexe Sätze im Rahmen des Gesamtgeschehens zu verstehen, wird es allerdings nicht möglich sein, eine logisch zusammenhängende Geschichte zu erzählen. Darum sind die Ergebnisse dieses informellen Verfahrens durchaus von Interesse. Die Anzahl der richtig beantworteten Fragen wird oben auf den Diagnosebogen eingetragen.

Deuten sich durch die Überprüfung des Geschichtenverstehens oder auch durch missverstandene Anweisungen Sprachverständnisstörungen an, bzw. treten häufige Grammatikfehler auf, müssen diese vorrangig eingehend diagnostiziert und behandelt werden.

Unter **Kohärenz** im ersten Teil des Diagnosebogens (s. Anhang 2) werden die Eintragungen zu den Geschichtenteilen vorgenommen, die durch die Kategorisierung (s. 4.1.2) ermittelt wurden. Dabei werden die drei protokollierten Geschichten durch „G1", „G2", „G3" (Geschichte 1, 2 und 3) unterschieden. Gleichzeitig wird eingetragen, ob der betreffende Teil ausreichend und logisch ist, so dass es keine „Gedankensprünge" gibt.

Auf der zweiten Seite wird für jede Geschichte (G1, G2 usw.) unter **Kohäsion** das Verhältnis **Bindewörter/Sätze** eingetragen sowie auch die Beurteilung, ob das Verhältnis ausreichend ist und die verwendeten Bindewörter.

Im weiteren Verlauf der konkreten Diagnose des schriftlichen Erzählens werden die **Kohäsionsmittel** sowie auch **weitere Voraussetzungen** des Erzählens detailliert betrachtet. Falls erwünscht können auch mit einem kurzen Überblick Grammatik, Semantik und Rechtschreibung erfasst werden.

Zudem lässt sich bei der Überprüfung von Grammatik/Semantik sowie auch bei der Rechtschreibung die **Eigenwahrnehmung** des Kindes feststellen. Die entsprechenden Testfragen zu diesem Bereich sind *kursiv* geschrieben. Kann das Kind seine eigenen Fehler erkennen, weist dies darauf hin, dass es diese Inhalte zumindest wahrnehmen kann, auch wenn die konkrete Realisierung nicht immer gelingt. In diesem Fall könnten die Fehler des Kindes zum Beispiel auf Konzentrationsschwäche oder auf einer Überforderung durch die Erzähl- oder Schreibleistung beruhen. Erkennt das Kind seine eigenen Fehler nicht, nimmt es die betreffende Teilleistung nicht wahr. In diesem Fall sollte eine Förderung mit einer nachvollziehbaren Erklärung beginnen, auf die umfangreiche Analyse- und Differenzierungsübungen folgen.

Konkrete Entscheidungen für das weitere Vorgehen werden durch die negativen Antworten im Diagnosebogen untermauert. Wie bei allen Diagnoseinstrumenten ist es in der Praxis nach einiger Übung oft nicht notwendig, den gesamten Bogen einzusetzen. Ein Beispiel für einen ausgefüllten Diagnosebogen, mit dem die erste Geschichte detailliert betrachtet wurde, ist im Anhang 2.1 aufgeführt. Beispiele für kurz zusammengefasste Diagnosen verschiedener Geschichten finden sich in den Anhängen 3 und 4.

Hier sind auch Beispiele für Geschichten aufgeführt, die auf eine „versteckte" Erzählfähigkeit hinweisen. Diese ist zu vermuten, wenn sprachliche Fähigkeiten (zum Beispiel der Gebrauch von Bindewörtern) oder Strukturen der Geschichte (zum Beispiel eine informative Einleitung oder Kulisse) auf eine bessere Erzählfähigkeit als die hinweisen, die durch die protokollierten Geschichten gezeigt wurde.

Im Anhang 2.2 werden Spielvorschläge zur Förderung der schwächeren Fähigkeiten bzw. der fehlenden Geschichtenteile vorgestellt.

Eine Schulung der umgangssprachlich wenig bekannten ersten Vergangenheitsform kann auch mit dem „Perfekten Spiel" (Schelten-Cornish, 2002) erreicht werden. Unsicherheiten im Genus können mit dem „Mehrzahl-Begleiter Spiel" (Schelten-Cornish, 2006) entgegengetreten werden. Wortfelder- und weitere Wortschatzspiele finden sich u.a. im „Kochbuch: Wortschatz und Semantik" (Schelten-Cornish, 1995).

Bei häufigen Rechtschreibfehlern kann eine Förderung beispielsweise mit dem „Littera Programm" (Wildegger-Lack, 2003) oder mit „PaLaBra" (Reber, 2003) vorgenommen werden.

5 Förderung/Therapie

Anhand der oben beschriebenen Diagnose sowie der Anamnese wird nun über Therapiebedarf und -methodik entschieden.

1) Ist die Erzählweise eines Kindes, das vier Jahre oder älter ist, der Stufe 0, 1 oder 2 zuzuordnen, braucht es eine systematische Behandlung.
2) Erzählt das Kind Geschichten auf Stufe 3, so wird nach Alter und sonstigen sprachlichen Fähigkeiten entschieden (s. Übersicht 2).
3) Erzählt ein Vorschulkind auf Stufe 4, besteht noch kein Bedarf einer systematischen Förderung: Diese Fähigkeit ist weit genug entwickelt, um von der unten aufgeführten allgemeinen Förderung zu profitieren.
4) Erzählt ein Schulkind noch nicht auf Stufe 5 und gibt es keine Hinweise auf eine „versteckte" Erzählfähigkeit wie ein hohes Verhältnis Bindewörter/Sätze (s. 4.1.4) oder ein hoher Wert beim Geschichtenverständnis (s. 4.2.1), dann ist eine systematische Behandlung notwendig: Ein Schulkind muss mindestens auf Stufe 5/6 erzählen können.

Im Folgenden werden konkrete Vorschläge genannt, wie die einzelnen Teilfähigkeiten der komplexen Leistung „Erzählen" weiterzuentwickeln sind. Die Begriffstrennung zwischen Therapie/Behandlung und Förderung wird hier wie folgt gehandhabt: Eine allgemeine Förderung kann und sollte im Kindergarten und im Elternhaus erfolgen, da die Sprachentwicklung des Kindes in diesen Umgebungen sehr positiv zu beeinflussen ist.

Ist die Störung der Erzählfähigkeit schwerwiegend, setzt eine systematische Behandlung natürlich eine eingehende Diagnose voraus, die nicht nur die Erfassung der Erzählfähigkeit beinhaltet, sondern auch andere sprachliche Leistungen wie Sprachverständnis, Wortschatz und Grammatik. Diese Diagnose und die systematische Behandlung sollten von einer Fachkraft für Sprache durchgeführt werden, möglichst parallel zu der von Bezugspersonen begleiteten allgemeinen Förderung.

5.1 Förderung des mündlichen Erzählens

5.1.1 Allgemeine Förderung des mündlichen Erzählens im Kindergarten/Elternhaus

Die Fähigkeit, längeren Geschichten zuzuhören und/oder sie selbst zu erzählen, wird in der heutigen Zeit kaum erwartet oder geschult. Es wird eher die schriftliche Textproduktion gefördert. Die Förderung des **mündlichen** Erzählens ist aber für Vorschulkinder wie auch für Schulkinder von großer Bedeutung.

Beherrscht ein Kind das mündliche Erzählen auf der sechsten Erzählstufe noch nicht, so wird die unterentwickelte Erzählfähigkeit den zusätzlichen Anforderungen des schriftlichen Erzählens nicht gewachsen sein, die spätestens in der zweiten Klasse erhoben werden. In der Schriftsprache wird das Erzählen oft sogar schlechter als in der mündlichen, da das Kind durch die Anforderungen des Schreibens sehr in Anspruch genommen wird. So ist auch bei Schulkindern zunächst die mündliche Erzählfähigkeit auf mindestens Stufe 6 zu fördern, bevor mit der Förderung der schriftlichen Erzählfähigkeit begonnen wird. Im Folgenden werden sowohl Möglichkeiten zu einer **allgemeinen Förderung** im Elternhaus oder Kindergarten wie auch zu einer **systematischen** Therapie angegeben.

Aktives Zuhören: Der aktive Zuhörer gibt das Erzählte kurz wieder, um dadurch zu zeigen, dass er das Gehörte verstanden hat. Dabei können beispielsweise Satzteile wiederholt oder kurze Kommentare wiedergegeben werden ("Oje! Verloren in dem großen Tierpark!"). Aktives Zuhören ist aber nicht eine Übernahme der Verantwortung für das Erzählen. In der folgenden Unterhaltung weigert sich zum Beispiel der aktiv zuhörende Erwachsene – der den Besuch im Tierpark vermuten kann – die Erzählverantwortung des Kindes zu übernehmen:

„Was war heute in der Schule los?"
„Tierpark."
„Habt ihr ein Buch über den Tierpark gelesen oder vielleicht einen Film gesehen?"

Keine Informationen werden vorgegeben. Beide Alternativen der „Oder-Frage" sind falsch: Diese Situation regt meist eine Mehr-Wort-Antwort an.

Abwartendes Zuhören: Der Zuhörer lässt Denkpausen zu. Die heutige Unsitte, keine Gesprächspausen zu erlauben, verursacht einen Teufelskreis. Das Kind braucht Zeit zum Überlegen, die ihm aber nicht gegeben wird. Eine „klärende" Frage mit dem Vorsprechen der vermuteten Antwort erfolgt innerhalb von Sekunden. Zum obigen Beispiel:

„Was war heute in der Schule los?"
„Tierpark."
„Seid ihr in den Tierpark gefahren?"
„Ja."

So macht das Kind die Erfahrung, dass es sogar leichter ist, nicht zu antworten; es kommt mit Ja/Nein auch gut zurecht oder muss schlimmstenfalls nur nachsprechen.

Bleibt das Kind hartnäckig bei Ein-Wort-Antworten, obwohl aktives, abwartendes Zuhören das Erzählen des Kindes unterstützt, muss nach der Ursache für dieses Verhalten geforscht werden.

Eigene Erzählungen: Kinder lernen das Erzählen – wie auch alles andere – am besten durch Nachahmung. Erwachsene und Kinder können sich gegenseitig routinemäßig erzählen, was sie im Laufe des Tages erlebt haben. Im Elternhaus sollten die Situationen, in denen Unterhaltungen und Erzählungen stattfinden, fest im Tagesablauf verankert werden. Waren früher gemeinsame Mahlzeiten eine Selbstverständlichkeit, so werden sie heute aufgrund verschiedener Tagesabläufe immer seltener. Wenn möglich, sollte dennoch mindestens eine gemeinsame Mahlzeit am Tag mit der gesamten Familie eingenommen werden, auch wenn die Kinder schon vorher etwas essen müssen. Eine andere Möglichkeit ist es, sich vor dem Schlafengehen zu dem Kind ans Bett zu setzen, da bei dieser Gelegenheit ein stilles Kind möglicherweise mehr erzählt.

Im Kindergarten ist das Erzählen mit dem Stuhlkreis im Tagesablauf verankert. Erzählen die KindergärtnerInnen im Stuhlkreis selbst eine kurze Geschichte bzw. ein Erlebnis, so können sie erstens den Kindern ein Vorbild geben und zweitens viele der angegebenen Fördermethoden umsetzen.

Nacherzählen: Alle Kulturen, die eine starke mündliche Erzähltradition pflegen, verlangen ein sehr genaues Nacherzählen. Dies hat erstens praktische Gründe – so wird die Kulturgeschichte nicht verfälscht –, aber zweitens auch formale Gründe in der Ausbildung der Kinder zur Teilnahme an der Erzählkultur. Durch das Nacherzählen werden sehr viele der Voraussetzungen des Erzählens geübt; ein offensichtliches Beispiel wäre das Erinnerungsvermögen für Einzelheiten. Die Wiederholung bewirkt eine Festigung der sprachlichen Bestandteile, sei es Wortschatz, Grammatik, Semantik oder Pragmatik. Diese beeinflussen das Sprachverständnis positiv. Auch das kulturgeprägte Weltwissen wird verstärkt. Nicht zuletzt wird die Struktur einer Geschichte immer wieder vorgeführt.

So kann man ein Spiel aus dem Nacherzählen machen. Bekannte Geschichten (zum Beispiel Märchen) werden abwechselnd einmal vom Erwachsenen, einmal vom Kind nacherzählt. Der Zuhörer darf alle fehlenden Einzelheiten anmahnen; der Erzähler muss diese dann in seine nacherzählte Geschichte mit einbinden. Bei auseinandergehenden Meinungen kann das Original zurate gezogen werden. Da Kinder oft ein viel besseres Gedächtnis für Einzelheiten haben als Erwachsene, ist das Nacherzählspiel meist sehr beliebt.

Fehlende Geschichtenteile anmahnen: Lässt das Kind immer einen bestimmten Geschichtenteil aus, hilft es, diesen Teil bei sich selbst anzumahnen: „Heute war ein Unfall auf der Straße. Nachher waren wir ganz aufgeregt. (Pause) Jetzt habe ich vergessen zu sagen, was wir gemacht haben: Wir haben gleich einen Krankenwagen gerufen!" (hier wird der Geschichtenteil „Lösungsversuch" angemahnt). Bei den Erzählungen des Kindes wird anhand von „Oder-Fragen" nach dem Geschichtenteil gefragt, den es oft vergisst: „Warst du aufgeregt oder bist du ruhig geblieben?" (hier wird nach „Interne Reaktion" gefragt). Dadurch wird dem Kind zugleich der passende Wortschatz vermittelt.

Erzählt das Kind Geschichten, die **keine Einleitung** haben, so dass der Zuhörer sich nicht orientieren kann, helfen Hinweise auf die fehlende Anwesenheit: „Ich war selbst nicht da!" sowie auch auf die fehlenden Informationen: „Wo ward ihr, und wer hat euer Auto angefahren?" Auch das „Bühnenspiel" (s. Anhang) kann mit Vorschulkindern gespielt werden, um die Bedeutung der Einleitung zu verdeutlichen und die mündliche Erzählfähigkeit zu fördern.

Im Folgenden sind weitere Vorschläge zur allgemeinen Förderung der Erzählfähigkeit aufgeführt.

- Erzählen Sie viel von Ihrem eigenen Tagesablauf. So geben Sie dem Kind Weltwissen und wichtige sprachliche Inhalte wie Fürwörter und Bindewörter. Außerdem geben Sie ihm ein Beispiel davon, wie man Geschichten verständlich erzählt.
- Erzählen Sie dem Kind Geschichten aus Ihrer eigenen Kindheit. Das regt die Erzählfähigkeit und die gesamte Sprachentwicklung Ihres Kindes an: Es wird aufgefordert, sich Erwachsene als Kinder vorzustellen.
- Spielen Sie mit dem Kind Verkleidungsspiele. Eine große Kiste mit alten Hüten, Brillen (ohne Gläser), Kleider und ein paar Stoffbahnen, ein Arztkoffer oder die Polizistenmütze vom letzten Faschingsfest ermöglichen Verkleidungsspiele ohne große Ausgaben. Das fördert besonders den angepassten Gebrauch der Sprache, weil Sie und das Kind wie ganz andere Menschen sprechen müssen.

- Spielen Sie mit dem Kind Rollenspiele auch mal ohne Verkleidung. In einer anderen Rolle zu sprechen ist so etwas schwieriger als mit Verkleidung.
- Lesen Sie gemeinsam mit dem Kind Bücher (möglichst mit Bildern). Zum Beispiel eignen sich „Manuel und Didi" von Erwin Moser (1998, 1999). Mit Vorschul- oder Schulkindern können Sie zusammen nach interessanten Büchern suchen. Sind Sie alleine mit dem Kind, ist es wichtig, das Kind aktiv mit dem Buch umgehen zu lassen (blättern, immer auf einen bestimmten Menschen in der Geschichte zeigen usw.).
- Sehen Sie sich die Bilder der Geschichte zusammen an und beschreiben Sie sie gemeinsam. Sprechen Sie auch unbedingt das Thema oder das Problem des Bildes an. Denn das Erkennen des Problems ist eine Schlüsselfähigkeit des Erzählens.
- Wenn Sie eine Geschichte gelesen haben, blättern Sie sie noch einmal durch. Sie können sie auch noch einmal zusammen mit dem Kind in eigenen Worten erzählen.
- Überlegen Sie bei einem Teil der Geschichte „Was wäre gewesen, wenn ..." (zum Beispiel wenn Aschenputtel den Schuh nicht verloren hätte?) Dies entwickelt die Sprache weiter, fördert das Verständnis der Zusammenhänge und ergibt eigene Teilgeschichten.
- Überlegen Sie zusammen mit dem Kind, wie sich ein Mensch (oder ein Tier) in der Geschichte fühlt. Geben Sie hier mindestens zwei Möglichkeiten vor, zum Beispiel „müde" oder „böse". Denn die kindlichen Wortvorschläge gehen oft über „gut" und „schlecht" nicht hinaus.
- Spielen Sie die Geschichten mit Spielzeugfiguren oder Handpuppen nach. Man kann auch eigene Geschichten oder die Geschichten des Kindes nachspielen. Bei Schulkindern, die immer noch die Einleitung weglassen, also beispielsweise die Vorstellung der Hauptfiguren, zeigen Sie als Zuhörer durch Ihre Auswahl der Spielfiguren Ihren Wissensstand an. Werden die Hauptfiguren nicht vorgestellt, so ist der Zuhörer gezwungen nachzufragen, damit er die Figuren für das Spiel aussuchen kann.
- Besprechen Sie mit dem Kind, wie das Ende der vorgelesenen Geschichte mit dem Anfang zusammenhängt. (Zum Beispiel: „Am Anfang war er ganz arm, jetzt ist er für immer reich! Gut, dass er den Schatz gefunden hat!")
- Bindewörter wie „weil", „aber", „dass", „wenn", „ob" usw. sind beim Erzählen außerordentlich wichtig. Gewöhnen Sie sich an, die Bindewörter beim Vorlesen oder Erzählen leicht zu betonen oder zu wiederholen, um sie etwas hervorzuheben („Er suchte, bis ... bis er den Schatz gefunden hatte.")
- Die Regel „Keine Autofahrt ohne Geschichte" kann auch für ältere Kinder gelten.
- Wer von den eigenen Erzählkünsten nicht überzeugt ist, darf ruhig nacherzählen – zum Beispiel eine schon vorgelesene Geschichte. So können unsichere Kinder langsam in das Erzählen eingeführt werden: Sie können eine Geschichte nacherzählen. Falls sie sehr unsicher und sprechscheu sind, können sie vielleicht Einzelheiten erzählen zu einer Geschichte, die Sie selbst nacherzählen. Die Angaben des Kindes können dann langsam ausgebaut werden.

Interessante Vorschläge, wie man die mündlichen Erzählfähigkeiten von Kindern (wie auch von Erwachsenen!) fördern kann, sind in den Werken von Claus Claussen (2005) und Claus Claussen und Valentin Merkelbach (2001) aufgeführt. Weitere Ideen – auch für ältere Schüler – finden sich bei Kurt Wasserfall (2004).

5.1.2 Systematische Förderung des mündlichen Erzählens nach erfolgter Diagnose

Die folgende schrittweise aufgebaute Methode sollte genauso an jedes Kind individuell angepasst werden wie jedes andere Therapiekonzept auch. Der Zweck besteht darin, dem Kind die Regeln des Erzählens schrittweise zu verdeutlichen (vgl. Klecan-Aker, 1993). Die Schritte entsprechen dem Aufbau einer Geschichte, wobei nach der Reihenfolge der normalen Erscheinung vorgegangen wird (s. oben 3.3). So wird **nicht** mit Kulisse angefangen.

Zuerst wird ein Thema (Verursachendes Geschehen) vorgegeben, zum Beispiel: *„Im Schulbus auf dem Weg nach Hause hat ein Großer ein Feuer angezündet."* Die Geschichte wird weiter erzählt bis zu dem Teil der Geschichte, den das Kind auslässt (s. oben 2.3 und 4.1.1). An dieser Stelle der Geschichte wird eine Auswahl an Möglichkeiten für den weiteren Verlauf der Erzählung angeboten.

Vergisst das Kind zum Beispiel den Lösungsversuch, werden ihm hier zwei Möglichkeiten der Weiterentwicklung angeboten: *„Was sollen die Kinder da jetzt machen, was meinst du? Sollen sie es dem Fahrer erzählen oder das Feuer brennen lassen?"* Die Möglichkeit, die das Kind auswählt, wird aufgeschrieben und vorgelesen, damit das Kind die eigene Fortsetzung der Geschichte hören kann.

Durch die Auswahl ist das Weitererzählen an die Struktur einer Geschichte gebunden.

Dem Kind dürfen keine Geschichtenteile aufgezwungen werden! Eine eigene Meinung zu der Weiterentwicklung kann aber durchaus gegeben werden.

Es wird mit zehn kurzen Geschichten so verfahren. Danach geht man von der Auswahl zu offenen Fragen über. Das Kind soll dann selbst die beste Möglichkeit finden, möglichst mit Begründung.

Anfangs fehlt beim Kind oft das Bewusstsein, dass eine Entwicklung in der Geschichte stattfindet: So zeigen viele behandlungsbedürftige Kinder erst später an, dass unterbrochene Geschichten sie stören. Das Auftreten einer Erwartungshaltung ist als Zeichen zu werten, dass die Struktur der Geschichte endlich wahrgenommen wird. Zum Beispiel wäre die Frage: „Und was passiert jetzt? Brennt der Bus?" eine Anforderung eines weiteren Entwicklungsschrittes der Geschichte – hier das Ergebnis der Aktion. Die Wahrnehmung der Struktur gibt dem Kind das Wissen, dass jetzt mehr Information kommen müsste.

Auch kleine Geschichten aus dem täglichen Leben können so bearbeitet werden, wobei Alternativen zu dem bereits Geschehenen gesucht werden.

In der Arbeit mit mündlichen Geschichten wird lediglich darauf geachtet, dass die ausgesuchte Zeitstufe eingehalten wird; auf die erste Vergangenheit (zum Beispiel „er sah") besteht man hier nicht.

> **Beispiele:**
>
> **Beispiel 1**, Stufe 1 (s. Übersicht 2, 3.3): Kein echter Gebrauch der Teile einer Geschichte (s.o.). Die Kinder benennen, beschreiben Geschehnisse, Aktionen, Sachen. Kein zentrales Thema.
>
>> *Angesichts eines Situationsbildes gibt das Kind als Geschichte an: „Das Mädchen hat seine Eltern verloren. Das Baumhaus ist auch zu hoch."*
>
> Es wird erklärt: Bevor man eine Geschichte erfinden kann, muss man zuerst wissen, „was los ist", also was man erzählen will. Die Varianten a) und c) des Geschichtenspiels „Was ist los?" (s. 6.5) bieten eine Lernmöglichkeit für Kinder, die das „Erzählwürdige" anfangs schlecht erkennen können. Wenn Kinder verstanden haben, wie das Erkennen des Themas funktioniert, kann man mit der Weiterentwicklung ihrer Geschichten anfangen.
>
> Aus den obigen Sätzen darf das Kind **ein** Problem zum Weiterentwickeln aussuchen. Man gibt an: *„Sag mir, wovon wir jetzt erzählen wollen. Dann schauen wir, was da weiter passiert. Reden wir über die verlorenen Eltern oder über das Baumhaus?"* Hier sucht das Kind das Baumhaus aus. Liegt das Thema fest, so wird diese Geschichte nun genauso wie in Beispiel 2 weiterentwickelt.
>
> **Beispiel 2**, Stufe 2: Zentrales Thema. Kann einzelne erkennbare Geschichtenteile enthalten. Noch ohne klare Weiterentwicklung.
>
>> *„Die vier Kinder bauen eine Hütte und ein Baumhaus haben sie auch schon gebaut gehabt und der Bub malt die an, rot und da sind noch zwei Bretter. (Und dann?) Die vier Kinder bauen eine Hütte, sie brauchen viele Nägel und Holz und ein Haus und ein Fenster und eine Tür und das Mädel schaut zu und da haben sie auch noch Holz und da ist Gras und da ist was Rotes."*
>
> Weiterentwicklung: Im Gegensatz zu Beispiel 1 wird hier das Thema (also „Verursachendes Geschehen") eher deutlich. Obwohl dieses Kind einen Schritt weiter ist als das Kind in Beispiel 1, scheint es noch nicht verstanden zu haben, dass Weiterentwicklung in einer Geschichte notwendig ist. Erst der Versuch einer Weiterentwicklung lässt das Kind die Notwendigkeit einer Struktur erkennen. Um die Weiterentwicklung der Geschichte voranzubringen, wird „Interne Reaktion" (Gefühle, Gedanken; kann in jedem Teil stehen) als Motor verwendet. Die Geschichte wird dann „Verursachendes Geschehen (was ist los), Interne Reaktion, Lösungsversuch und Ergebnis" enthalten und damit auf Stufe 4 sein.

Im Verlauf des weiteren Gespräches gibt der Erwachsene das erkannte Thema an und fragt – mit zwei Alternativen – nach der Internen Reaktion: *„Du hast gesagt: ‚Die vier Kinder bauen eine Hütte.' Sind die dann zufrieden oder meinst du, sie finden das eher langweilig?"* Hat das Kind ein Gefühl ausgesucht, wird dazu ein Satz formuliert und **zusammen mit dem ersten Satz** (= Thema) vorgelesen: *„Die vier Kinder bauen eine Hütte. Sie sind damit zufrieden."* So erfährt das Kind eine Weiterentwicklung seiner eigenen Geschichte.

Es wird dann als „Lösungsversuch" – wieder mit zwei Alternativen – gefragt, was die Kinder wohl machen werden, wenn sie so zufrieden (oder gegebenenfalls so gelangweilt) sind. Hier ist an sich kein

„Problem" zu lösen, sondern die Weiterentwicklung ergibt sich aus dem Gefühl: *„Wenn die Hütte fertig ist und sie zufrieden sind, holen sie ihre Eltern? Oder lassen sie keinen anderen hinein?"*

Dazu wird ein Satz formuliert und **zusammen mit den ersten Sätzen** aufgeschrieben und vorgelesen: *„Die vier Kinder bauen eine Hütte. Sie sind damit zufrieden. Sie zeigen sie ihren Eltern."*

Genauso wird mit dem „Ergebnis" verfahren („was wurde daraus?"). Das heißt, zuerst gibt die Therapeutin zwei Ergebnisse zur Auswahl an. Zu obigem Beispiel, nachdem die Hütte den Eltern gezeigt wurde: *„Gefällt die Hütte den Eltern? Oder sagen sie vielleicht, die Kinder dürfen nicht mehr hingehen?"*

Hat das Kind ein Ergebnis ausgesucht, wird seine Angabe dazu **zusammen mit den ersten Sätzen** vorgelesen: *Also, deine Geschichte geht jetzt so:* *„Die vier Kinder bauen eine Hütte. Sie sind damit zufrieden. Sie zeigen sie ihren Eltern und die Eltern finden sie toll."*

Es wird mit mindestens zehn Geschichten so verfahren, bevor man von der Auswahlfrage zu offenen Fragen übergeht. Das Kind soll dann selbst die beste Möglichkeit formulieren. Bei den weiteren Geschichten sollte möglichst nach Begründungen gefragt werden, damit Bindewörter als wichtige kohäsive Mittel angewendet werden.

Erst wenn das Kind Geschichten auf Stufe 3/4 zuverlässig produzieren kann, sollte man zu den Stufen 5 und 6 übergehen (s. oben, 3.3). Diese werden genauso herausgearbeitet wie die anderen. Die Entwicklung läuft immer parallel zu der normalen Entwicklung der Erzählfähigkeit, das heißt, der letzte Geschichtenteil, der verarbeitet wird, ist die Einleitung.

Wichtig ist, bei der Nacherzählung der Geschichte zu betonen, dass das Kind die Geschichte erfunden und weiterentwickelt hat. Dies steigert das Selbstbewusstsein und motiviert das Kind, weitere Geschichten zu erfinden.

Respekt vor dem Kind und Interesse an dem, was es mitzuteilen hat, sind hier vorrangig. Kein Kind kann gut erzählen, wenn niemand richtig zuhört!

5.2 Allgemeine und systematische Förderung des schriftlichen Erzählens

Sollte eine systematische Förderung des schriftlichen Erzählens beim einzelnen Schüler erfolgen, setzt auch dies natürlich die eingehende Diagnose voraus. Auch wenn die Förderung des schriftlichen Erzählens das eigentliche Ziel darstellt, sollte eine Diagnose des mündlichen Erzählens (s. 4.1) der Diagnose des schriftlichen Erzählens (s. 4.2) vorausgehen. Gelingt das mündliche Erzählen nicht, so kann auch der schriftliche Sprachausdruck mit Sicherheit nicht entsprechend der kindlichen Fähigkeiten gefördert werden.

Die Therapie wird durch die diagnostizierten Schwächen bestimmt: Letztere sollen durch die betreffenden Geschichtenspiele aufgearbeitet werden. Diese Spiele zielen direkt auf die Erarbeitung fehlender Geschichtenteile und Erzählfähigkeiten.

Um den Spielcharakter zu erhalten, werden alle Fertigkeiten mündlich geübt. Damit das Gelernte auch **schriftlich eingeübt** wird, ist es allerdings notwendig, nach den Spielen kurze schriftliche Hausaufgaben folgen zu lassen. Diese können auch anhand von Aufsätzen gemacht werden, die in der Schule geschrieben wurden: Die Hausaufgabe ist dann eine schriftliche Weiterentwicklung des Spiels anhand der Geschichte, die vom Kind selbst geschrieben wurde.

Handelt es sich um eine leichte Störung der Erzählfähigkeit, dann können die Geschichtenspiele zu einer allgemeinen Förderung des schriftlichen Erzählens auch im Elternhaus oder in der Schule eingesetzt werden. Viele fußen auf einer Wahrnehmungsschulung, die erreichen soll, dass die Kinder die Tiefen- und Oberflächenstruktur einer Geschichte besser erfassen können.

5.2.1 Hinweise zu den Spielen und Materialien

Den Spielen sind einfach gehaltene **Kopiervorlagen** beigefügt, die gleich auf Karton kopiert werden sollten, damit die sich ergebenden Karten nicht durchsichtig sind (s. Anhang). In vielen Fällen ist es möglich, einfach die kopierten Vorlagen als Spielfelder zu gebrauchen, damit man die Karten nicht herstellen muss; bei manchen Spielen sind entsprechende Spielregeln bereits angegeben. Der Nachteil ist, dass es schwieriger ist, die Leistungsstufe zu verringern.

Die **Leistungsstufe** der Spiele passt nicht immer zu der Leistungsstufe der Kinder. Viele Spiele können durch eine Verringerung der Materialien und genügend Flexibilität in der Anwendung der Spielregeln angepasst werden. Zu vielen Spielen sind Varianten mit verschiedenen Leistungsstufen angeführt. Besonders bei Kindern mit Wortschatzschwächen ist es wichtig, anfangs die unbekannten Wörter auszusortieren, damit nicht zu viele verschiedene Lernleistungen auf einmal gefordert werden.

Allerdings gilt hier wie auch sonst in Bezug auf Sprache: **Wiederholung** ist die Mutter allen Lernens. Auch wenn ein Kind zu Beginn viele Fehler macht, bewirkt ein wiederholtes Spielen in den meisten Fällen einen Lernerfolg.

Bei der Erarbeitung der Geschichtenstruktur, also der Kohärenz, sollte die **Reihenfolge der Entwicklung der Erzählstufen** eingehalten werden (s. 3.3).

Obwohl die Einleitung entsprechend der Entwicklung der Erzählfähigkeit erst später gefördert werden soll, spielt sie bei der Erzählung eine sehr wichtige Rolle. Aus diesem Grund gibt es insgesamt drei Spiele, welche zur Wahrnehmung und Formulierung der Einleitung dienen sollen.

Alle Spiele enthalten Formulierungsvorschläge, um die Erarbeitung der Kohäsions- bzw. kohäsiven Mittel auch metasprachlich, also reflektierend, zu gestalten (s. jeweils **Wirkung des Spiels auf die Erzählfähigkeit**).

Das „**Bilderlesen**" und das Erzählen sollten nicht gleichzeitig eingeübt werden. Die Fähigkeit, Einzelheiten in den Bildern zu erkennen und zu deuten, sollte zuerst trainiert werden. Hierzu werden die Bilder des jeweiligen Spiels mit den Kindern eingehend besprochen, beispielsweise die Bedeutung der Striche, die Bewegung anzeigen oder den Blick auf Wichtiges lenken sollen (zum Beispiel im Ereignisbild des Bergsteigers die Reißstelle des Seils), oder die Bedeutung der Körpersprache (zum Beispiel im Ereignisbild des Mädchens, das sich mit erhobener Nase von dem Jungen abwendet). Gerade Gesichtsausdrücke und Körpersprache im Zusammenhang mit dem Geschehen müssen eingehend erklärt und besprochen werden. Aber auch Weltwissen spielt hier eine Rolle, zum Beispiel, dass ein Mann, der durchs Fenster steigt, wahrscheinlich ein Einbrecher ist.

Bildergeschichten, die zur Übung herangezogen werden, müssen im Hinblick auf die Lebenserfahrung des Kindes sorgfältig ausgewählt werden. Einzelheiten, die eine wichtige Rolle in der Geschichte spielen, müssen dem Kind oft erklärt werden. **Beispielsweise** zeigt ein Ring an einer Kaimauer, dass dort Schiffe anlegen können: d.h., die Geschichte spielt am Hafen.

5.2.2 Alle Geschichtenspiele im Überblick

Kohärenzspiele:

Spiel		Zweck des Spiels
6.1	Die Geschichtenmaus	Struktur einer Geschichte veranschaulichen
6.2	Welcher Kopf?	Bedeutung der Einleitung erfahren, Wichtigkeit von Einzelheiten beurteilen
6.3	Das Bühnenspiel	Funktion der Einleitung erfahren, selbst formulieren
6.4	Einleitungs-Bingo	Einleitung formulieren
6.5	Was ist los?	Thema finden, Überschrift formulieren
6.6	Was jetzt? Gefühle!	Interne Reaktion verstehen, formulieren
6.7	Was jetzt? Planspiel	Logische Pläne erkennen, formulieren
6.8	Was jetzt? Was tun?	Aktion, Lösungsversuch durchdenken, formulieren
6.9	Was jetzt? Wird's was?	Ergebnisse der Aktion formulieren
6.10	Schluss-Rate-Spiel	Funktion der Schlusssätze erkennen

Kohäsions- und Sprachspiele:

Spiel		Zweck des Spiels
7.1	Geschichtenpuzzle	Sprachliche Mittel der Kohäsion wahrnehmen Reihenfolge der Geschichtenteile erkennen Lesesinnverständnis verbessern
7.2	Nicht schon wieder! (Geschichten mit Wiederholungen)	Wahrnehmung für Einzelheiten schärfen Wiederholungen wahrnehmen Funktion von Wiederholungen verstehen Ersetzungen vornehmen
7.3	Wechselgeschichten (Geschichten mit Erzählerwechsel)	Erzählerperspektive erkennen
7.4	Pronomen-Memory	Beziehung Pronomen/Referenten erkennen
7.5	Bindewortspiel	Klärung der semantisch/syntaktischen Bedeutung von Bindewörtern
7.6	Wann war das?	Zeitlichen Zusammenhang logisch gestalten
7.7	Sprechen und schreiben	Code-Switching: Mündliche und schriftliche Rede differenzieren
7.8	Was du nicht sagst!	Wörtliche Rede: Synonyme für „sagen"
7.9	Die Zeit läuft davon!	Wahrnehmung konstanter Zeitstufe der Verben
7.10	Puzzlebau	Geschichten ausbessern

6 Spielanleitungen: Kohärenzspiele

Ziel der Kohärenzspiele ist es, die Tiefenstruktur der Geschichte durch die stufenweise Erarbeitung der Geschichtenteile zu verdeutlichen. Sie sind zwar in einer Reihenfolge aufgeführt: Je nach Erzählstufe des Kindes sind sie aber nicht so nacheinander zu bearbeiten. Günstiger ist es, sich nach den Entwicklungsstufen des Erzählens (s. 3.3) zu richten.

6.1 Die Geschichtenmaus (Geschichtenstruktur)

Intention des Spiels	Material
– Veranschaulichung der Struktur einer Geschichte – Wiederholung der Geschichtenteile	– Erklärung: Geschichtenmausvorlage (s. Anhang 6.1.1) – Geschichtenmaus-Spiel (s. Anhang 6.1.2)

Wirkung des Spiels auf die Erzählfähigkeit:

Das Bild der Geschichtenmaus, das auch in vereinfachter Form in der Grundschule häufig verwendet wird, ist in drei Teile unterteilt und veranschaulicht die Struktur einer Geschichte. Als Einstieg in die Geschichtenspiele wird die Geschichtenmaus besprochen. Eine Kopie kann dem Kind mitgegeben werden: Kinder, die gerne malen, können die bereits erarbeiteten Teile der Maus farbig ausmalen.

Die Einteilung strukturiert die wichtigsten Ereignisse der Geschichte. Der Kopf der Maus stellt die Einleitung dar, der dicke Bauch den Hauptteil, das Hinterteil und der Schwanz den Schluss. Im Bereich des Kopfes sind Augen, Ohren, Nase zu finden: Sie können wahrnehmen, **wer wo** ist und **was** dort gemacht wird sowie manchmal auch **wann**, **warum** und **wie**. So wird in der Einleitung der Geschichte erzählt: Wer ist wo, und was tut er/ sie/ es? Wenn der Zuhörer/Leser die Geschichte verstehen soll, muss auch er diese notwendigen Informationen im Kopf haben. Der Körper bzw. der Bauch der Maus nimmt den größten Raum ein. Er spiegelt also den Hauptteil der Geschichte wider: In der Geschichte wird hier das Thema angegeben und weiterentwickelt. Wichtig sind die Fragen: „Was passiert in der Geschichte? Wie reagiert der Held/die Heldin (die Hauptfigur oder der Protagonist) der Geschichte? Was denkt, fühlt, plant, macht der Held/die Heldin und was hat das für Auswirkungen?"

Die Hinterbeine der Maus bringen sie weiter und der Schwanz gibt ihr das Gleichgewicht. In der Geschichte wird hier nachgedacht: Was hat sich durch diese Geschichte weiterentwickelt?

Die Maus kann auf keinen der drei Teile verzichten. So kann auch eine Geschichte ohne Einleitung, Hauptteil und Schluss nicht verstanden werden.

Spielanleitung Geschichtenmaus-Spiel:

Ziel dieses Spiels ist es, die Teile einer Geschichte so oft wie möglich zu wiederholen, damit sie vom Kind gespeichert werden.

Da die Maus nie ohne alle Teile überleben kann, geht es bei diesem Spiel darum, aus den ausgeschnittenen Kartenbildern Mäuse mit passendem Schriftbild (bestehend aus einem Kopf, einem Bauch und einem Hinterteil) zusammenzufügen. Insgesamt ist der „Bau" von mehreren Mäusen möglich: Die drei kompletten Mausvorlagen sollten je Spieler mindestens viermal im Spiel vorhanden sein. Pro Mausvorlage sollten zwei „Gefühle, Gedanken" Jokerkarten vorliegen.

Die Mausvorlagen müssen vor dem Spiel angeschaut werden, um die Schriftbilder zu vergleichen, denn jede Maus hat ihr eigenes Schriftbild. Die Schriftbilder sind zu kommentieren („zu schwarz, zu leicht, Schreibschrift"), so dass die Kinder die Unterschiede bewusst wahrnehmen. Die Karte „Gefühle, Gedanken" ist ein Joker und kann überall eingefügt werden. Sie entspricht dem Geschichtenteil „Interne Reaktion", die ebenfalls in jedem Teil der Geschichte vorkommen kann (s. 2.3 Teile einer Geschichte). Bei jedem Hinweis darauf, dass diese Karte überall eingefügt werden kann, muss der Spielleiter den Vergleich zum Erzählen verdeutlichen: „Du kannst auch überall in deiner Geschichte angeben, wie du fühlst oder was du gerade denkst."

Die verschiedenen Schriftbilder sollen dazu anregen, die einzelnen Unterteile der Geschichte oft laut vorzulesen: Der Erwachsene sollte dies auch selbst so oft tun, wie es ohne Störung des Spielablaufs geht.

Die Karten werden gemischt. Jeder Teilnehmer erhält 5 Karten. Die restlichen Karten werden verdeckt auf den Tisch gelegt. Der erste Spieler macht den Anfang mit einem Mauskopf oder einem Hinterteil und darf auch alle Teile hinlegen, die zum Körper und zum Schriftbild passen. An diese Maus wird nun bei der nächsten Runde „angebaut". Die Mäuse werden „Kopf an Schwanz" weitergebaut. Wenn zum Beispiel ein Spieler bei der ersten Runde einen Mauskopf mit der Schreibschrift hinlegt, darf er gleich oder bei der nächsten Runde mit einem Mäusehinterteil in der schwarzen Schrift links daneben weiterbauen, so dass gleichzeitig zwei Mäuse „in Bau" sind.

Manchmal hat ein Spieler am Anfang des Spiels keinen Mauskopf oder kein Hinterteil: In diesen Fällen darf er seine Karten zurückgeben und fünf neue Karten ziehen.

Hat ein Spieler alle passenden Karten hingelegt, darf er Karten ziehen, bis er wieder fünf in der Hand hat. Diese neu gezogenen Karten dürfen aber erst in der nächsten Runde abgelegt werden.

Hat ein Spieler keine Karten, die zu den sich „in Bau" befindlichen Mäusen passen, darf er bis zu drei Karten unter den Stapel zurücklegen und die entsprechende Anzahl wieder ziehen.

Legt ein Spieler vor Ablauf der festgelegten Zeit alle Karten hin, darf er noch einmal fünf ziehen. Diese legt er wieder an, wenn er wieder an der Reihe ist.

Gewonnen hat der Spieler, der nach einer festgelegten Zeit die meisten **kompletten** Mäuse bauen kann.

> **Beispiel:**
> *Der erste Spieler legt den Kopf der Maus mit der schwarzen Schrift hin. Er hat noch den Bauch mit der gleichen Schrift, so dass er diesen auch hinlegt. Das Hinterteil mit dieser Schrift hat er nicht, legt aber dazu links vom Kopf dieser Maus das Hinterteil mit der Schreibschrift hin. Dann zieht er drei Karten, damit er wieder fünf Karten hat, und der nächste Spieler ist an der Reihe. Der Spielleiter kommentiert: „Den Schlussteil Gefühle, Gedanken, Gelernt, Zusammenfassung, Zukunft, Moral" hast du also von der anderen Maus, so passt das."*

6.2 Welcher Kopf? (Funktion und Bedeutung der Einleitung)

Intention des Spiels	Material
– Vorstellung der Einleitung einer Geschichte	– Kurzgeschichten ohne Einleitung (s. Anhang 6.2.2)
– Erfahrung der Bedeutung der in der Einleitung gegebenen Informationen zu Person, Tätigkeit und Ort für das Verständnis der Geschichte	– Geschichtenmauskopf (s. Anhang 6.2)
	– Chips
– Sprach- bzw. Leseverständnis	
– Beurteilung der Wichtigkeit von Einzelheiten für die Geschichte	

Wirkung des Spiels auf die Erzählfähigkeit:

Hier geht es um Funktion und Bedeutung der Einleitung. Auch soll beurteilt werden, ob die Einzelheiten der Einleitung für die Geschichte wesentlich sind.

Der Erwachsene legt dem Kind das Bild des Geschichtenmauskopfes vor. Er erklärt, dass die Maus ohne Kopf nicht sehen, hören und riechen kann, wo sie ist, wer noch da ist und was um sie herum passiert. Auch den Zuhörern oder Lesern geht es so: Wenn die Informationen in der Einleitung nicht ausreichend oder nicht bedeutsam sind, können sie die Geschichte nicht gut verstehen.

Spielanleitung:

Für jede Kurzgeschichte (s. Anhang 6.2.2) sind zwei unterstrichene Vorschläge als Einleitung vorgegeben. Aufgabe dieses Rätselspiels ist es, aus den beiden angegebenen Einleitungen sowie auch aus den Kurzgeschichten selbst die entscheidenden Informationen herauszulesen, um den passenden Mauskopf für diese Geschichte zu finden. Die jeweiligen Lösungen sind unter den Geschichten notiert und sollten vor dem Spiel abgedeckt werden. Um ein zufälliges, schnelles Lesen zu erschweren, sind sie etwas umständlich formuliert.

Die W-Fragewörter, die für die Informationen in der Einleitung wichtig sein können, sind in den Kopf der Maus geschrieben. Die Fragen im Mauskopf werden jeweils zuerst für beide Einleitungen beantwortet. Wird eine Information gefunden, wird sie notiert oder mit einem Chip markiert. Bei schwächeren Kindern „sucht" der Erwachsene natürlich mit.

Der nächste Schritt besteht darin, eine Verbindung zu den Informationen der Einleitung im Text zu suchen. Diese wird ebenfalls notiert. Anhand der gefundenen Informationen bestimmt das Kind, welche Einleitung mehr Einzelheiten angibt, die später in der Geschichte eine Rolle spielen. Diese Einleitung ist dann der „passende Kopf".

Beispiel:

Einleitung 1 der ersten Geschichte:
- *Wer: Fritz, Katze*
- *Wo: am Brunnen*
- *Was gemacht: spielte*

Einleitung 2 der ersten Geschichte:
- *Wer: Fritz, Hund, Katze*
- *Wo: keine Angabe*
- *Was gemacht: spielte Ball*

In der Geschichte selbst:
- *Wer: Fritz, Vater, Katze. Dies entspricht mehr Einleitung 1. „Hund" in Einleitung 2 hat keine Entsprechung in der Geschichte.*
- *Wo: nach unten zum Wasser, an der Kette entlang. Dies entspricht „am Brunnen" in Einleitung 1. Einleitung 2 hat keine Angabe zu „wo".*
- *Was gemacht: runtergeklettert, fragte, ließ hinunter, holte raus. Dies entspricht „gerne am Brunnen spielte". In Einleitung 2 hat „Ball spielen" dagegen keine Entsprechung in der Geschichte.*

Einleitung 1 gibt mehr Einzelheiten an, die später in der Geschichte eine Rolle spielen.

Fehlerquellen:

Viele Verbindungen zwischen Einleitung und Geschichte sind erst aufgrund von Weltwissen zu erkennen, über das die Kinder nicht unbedingt verfügen, z.B. das vermehrte Vorkommen von Stürmen im Herbst.

> → **Lösung:**
> - Der Erwachsene weist auf die Verbindungen hin und erklärt sie.

6.3 Das Bühnenspiel (Funktion und Formulierung der Einleitung)

Intention des Spiels	Material
– Wahrnehmung der Abhängigkeit des Zuhörers von den angebotenen Informationen des Erzählers: Erfahrung der Funktion der Einleitung – Sprachverständnis (Umsetzung sprachlicher Informationen) – Förderung des symbolischen Denkens bei den „Ersatzteilen" für fehlende Teile der Kulisse (zum Beispiel „der Bleistift ist jetzt der Baum") – Übung der Formulierung einer Einleitung	– rote und blaue Chips – Geschichtenmauskopf (s. Anhang 6.3) – Playmobil-Zubehör oder Puppenhaus mit Inventar (muss nicht vollständig sein, s. Intention) – Trennscheibe – „Einleitungsbilder", das heißt jeweils das erste Bild einer Bildergeschichte (zum Beispiel: Der kleine Herr Jakob, Press, 2005, oder: Vater und Sohn, Plauen, 1996) – bei Auswahl der Bilder berücksichtigen, inwieweit Situation/Ausstattung wegen Weltwissens des Kindes weitere Erklärung braucht

Wirkung des Spiels auf die Erzählfähigkeit:

Es wird erklärt: Wenn man eine Geschichte erzählt, baut der Zuhörer im Kopf eine „Bühne" auf, wie für ein Theaterspiel. Wenn der Zuhörer genug Informationen hat, kann er die Geschichte verstehen. Dazu muss er mindestens wissen, **wer** da war, **wo** er war und **was** er dort machte. Wenn er das nicht weiß, wird er die Geschichte nicht richtig verstehen können. In manchen Fällen ist auch das **Wann**, das **Warum** oder das **Wie** wichtig.

Das Kind soll erleben und verstehen, dass nur der Geschichtenerzähler über die Hintergrundinformationen verfügt: Der Zuhörer (hier der Bühnenbauer) weiß nur so viel, wie ihm erzählt wird.

Spielanleitung:

Variante a)

Zu Beginn des Spiels sitzen zwei Spieler, ein „Erzähler" (in der ersten Spielrunde der Erwachsene) und ein „Bühnenbauer" (in der ersten Spielrunde ein Kind), einander gegenüber. Eine Trennscheibe (oder Ähnliches) zwischen den beiden soll ein Einsehen des Bühnenbauers in das Bild erschweren. Es muss allerdings ein Einsehen des Erzählers auf die „Bühne" gegeben bzw. erlaubt sein.

Der Erwachsene beginnt als Erzähler das Spiel. Er schaut sich ein Einleitungsbild an und formuliert eine Einleitung mit allen für das Verständnis wichtigen Informationen. Aufgabe des „Bühnenbauers" ist es nun, anhand der Einleitung seine „Bühne" mit Spielfiguren und sonstigem Material aufzubauen. Gibt es einen Gegenstand nicht, muss sich das Kind ein Ersatzteil für ihn ausdenken: Beispielsweise könnte ein Bleistift eine Leiter darstellen. Bei den ersten Spielverläufen ist es wichtig, darauf zu achten, dass die Fragen „Wer?", „Wo?" und „Was?" beantwortet werden. Nach dem Bühnenaufbau wird die Erzählleistung bewertet: Die aufgebaute Szene wird mit dem Einleitungsbild verglichen. Dabei überprüfen beide Spieler, ob alle wichtigen Informationen erzählt und gebaut wurden oder ob Einzelheiten fehlen. Auf dem „Mauskopf" erhält der **Erzähler** für jede im Bild abgebildete und von ihm angegebene (darum auch vom Bühnenbauer aufgebaute) Information einen blauen, für jede abgebildete aber weggelassene Information einen roten Chip auf die entsprechende W-Frage.

Wichtig ist, dass der **Erzähler** und nicht der Bühnenbauer die Punkte erhält, da hier die Erzählfähigkeit des Erzählers bewertet werden soll. Dann werden die Chips zusammengezählt, wobei ein blauer Chip als ein Pluspunkt und ein roter Chip als ein Minuspunkt zählt. Null Punkte sind das niedrigste Ergebnis.

In der nächsten Runde werden die Rollen getauscht. Das heißt, jetzt erzählt das Kind und der Erwachsene baut die Bühne auf. Wer am Ende einer festgesetzten Zeit die meisten Chips besitzt, gewinnt das Spiel.

Variante b)

Der Erwachsene als Erzähler kann absichtlich wichtige Informationen weglassen. Während der anschließenden Besprechung sollen diese „vergessenen" Informationen dann durch das Kind gefunden und jeweils durch einen roten Punkt bewertet werden. Das Auffinden von solchen Erzählfehlern ergibt ein Erfolgserlebnis, das die Aufmerksamkeit für Einzelheiten oft steigert. Auch kann der Erwachsene auf die Bedeutung der fehlenden Einzelheiten für die weitere Geschichte hinweisen. Wie die Punktezahl bei diesem Spiel zu berechnen ist, wird an folgendem Beispiel mit fehlenden Einzelheiten verdeutlicht. Zu beachten ist aber, dass der Erwachsene bei den ersten Durchgängen des Spiels eine vollständige Einleitung erzählen sollte.

> **Beispiel:**
>
> *Im ersten Bild steht der Mann auf einer Leiter und pflückt Äpfel von einem Apfelbaum. Der Baum steht sehr nah an einem Zaun. Der Erzähler gibt dem Bühnenbauer folgende Informationen: „Der Mann pflückt Äpfel von einem Baum." Daraufhin stellt der Bühnenbauer ein Playmobil-Männchen mit erhobenem Arm neben einen Baum.*

Erzähler und Bühnenbauer vergleichen das Einleitungsbild mit der Bühne. Bei Übereinstimmung wird ein blauer Chip, bei Nichtübereinstimmung ein roter Chip auf den Kopf der Maus gelegt. Auf die Frage „**Wer?**" ist die Antwort sowohl in der Bildergeschichte als auch auf der Bühne deutlich: „ein Mann". Auf den Kopf der Maus wird daher ein blauer Chip auf „Wer?" gelegt. Auf die Frage „**Wo?**" ist die Antwort sowohl in der Bildergeschichte als auch auf der Bühne: „neben dem Baum". Auf den Kopf der Maus wird daher ein blauer Chip auf „Wo?" gelegt. Im Bild steht der Mann allerdings auf der Leiter – auf der Bühne ist keine Leiter zu sehen, da sie der **Erzähler** vergessen hat. Auf den Kopf der Maus wird deshalb auch ein roter Chip auf „Wo?" gelegt. Im Bild steht der Baum neben einem Zaun – auf der Bühne ist aber kein Zaun zu erkennen, da der

Erzähler auch ihn vergessen hat. Also wird auf den Kopf der Maus ein zweiter roter Chip auf „Wo?" gelegt. Für die Antwort auf die Frage **„Was?"** gibt es einen blauen Chip, denn sowohl im Bild wie auch auf der Bühne pflückt der Mann Äpfel (der Arm ist erhoben). Der **Erzähler** erhält somit drei blaue Chips (Pluspunkte) und zwei rote Chips (Minuspunkte). Die Minuspunkte werden von den Pluspunkten abgezogen, so dass sich daraus insgesamt ein Punkt ergibt. Der Erwachsene kann nun darauf hinweisen, dass der Zaun und die Leiter für die Weiterentwicklung der Geschichte unbedingt notwendig gewesen wären.

Hat der Erzähler eine Antwort auf die Frage **Warum?**, **Wie?** oder **Wann?** gegeben, erhält er jeweils einen blauen Chip. Fehlt aber die Antwort auf diese Frage, gibt es **keinen** roten Chip, da die Antwort auf diese Frage nicht in diesem Bild dargestellt wurde.

Fehlerquellen:
1. Der Aufbau der „Bühne" durch den „Bühnenbauer" ist ungenau.

> → **Lösung**:
> - Der Aufbau der „Bühne" muss vom Erzähler ständig kontrolliert und gegebenenfalls ausgebessert werden. Gibt der Erzähler beispielsweise an, dass die Leiter „unter dem Baum" steht, und der Bühnenbauer platziert sie weiter vom Baum entfernt, muss darauf hingewiesen werden. Hintergrund ist, dass grundsätzlich die Leistungen des Erzählers bewertet werden und sie daher nicht durch Ungenauigkeiten im Sprachverständnis des Bühnenbauers verzerrt werden dürfen. Tauchen Fehler dieser Art häufiger auf, müssen unter Umständen zunächst die spezifischen Sprachverständnis- oder Wortschatzstörungen behandelt werden. Da das Kind als Erzähler auch selbst den Aufbau des Bühnenbauers kontrolliert, werden ihm die Folgen etwaiger Ungenauigkeiten in seiner Formulierung gleich auffallen.

2. Das erzählende Kind listet lediglich das auf, was es auf dem Bild sieht: „Ein Baum, ein Mann, eine Leiter, ein Zaun".

> → **Lösung**:
> - Es wird betont, dass es sich hier um den ersten Teil einer Geschichte handelt, die durch die Bildergeschichte dargestellt wird.
> - Der Erwachsene muss immer mit der Rolle des „Erzählers" beginnen; damit gibt er ein Beispiel vor, an dem sich die Kinder orientieren können. Aufgrund der Tatsache, dass jeder Spieler abwechselnd Zuhörer und Erzähler ist, ist es dem Erwachsenen immer wieder möglich, gute Einleitungen zu erzählen.
> - Der Erwachsene als Bühnenbauer stapelt die angegebenen Gegenstände des Bühnenbilds lediglich aufeinander. Das Kind wird entweder sofort oder spätestens im Vergleich mit dem Bild feststellen, dass zwar das „Was" erzählt wurde, nicht aber das „Wo" bzw. andere wichtige Einzelheiten. Da das Kind so die gleiche Anzahl an roten und blauen Chips erhalten wird, bekommt es später meist keine Punkte.

3. Das erzählende Kind gibt zu viele oder für jede Geschichte gleichbleibende Einzelheiten an. Dies passiert, entweder um dadurch mehr Punkte zu erhalten oder aber, weil das Kind wesentliche Einzelheiten von unwesentlichen nicht trennen kann.

> → **Lösung**:
> - „Warum", „wie" und „wann" werden aus dem Spiel genommen und am Mauskopf abgedeckt, es sei denn, sie sind in der Bildergeschichte abgebildet. Der Erwachsene erklärt dem Kind, dass die Geschichte ansonsten zu lang würde.
> - Alle erwähnten Einzelheiten werden geprüft, um zu sehen, ob sie in der Geschichte eine Rolle spielen oder nicht. Die Einzelheiten, die keine Rolle spielen, erhalten keine Punkte. Diese Lösung ist zeitaufwändig, kann aber bei einigen Kindern sehr notwendig sein. Die Aufsätze dieser Kinder zeichnen sich durch viele unnötige Einzelheiten aus.

6.4 Einleitungs-Bingo (Formulieren der Einleitung)

Intention des Spiels	Material
– Einprägen der für eine Einleitung wichtigen Informationen anhand der W-Fragewörter – Formulieren der Einleitung einer Geschichte	– ein Bingo-Spielbrett (s. Anhang 6.4.1) für jeden Spieler – Wer-, Wo-, Was-Karten (s. Anhang 6.4.2)

Wirkung des Spiels auf die Erzählfähigkeit:

Hier geht es noch einmal um Funktion und Formulierung der Einleitung: Die Erklärung gleicht der von 6.1 (Die Geschichtenmaus). Der Erwachsene legt dem Kind das Bild des Geschichtenmauskopfes vor. Er erklärt, dass die Maus ohne Kopf nicht sehen, hören und riechen kann, wo sie ist, wer noch da ist und was um sie herum passiert. Für die Zuhörer oder Leser sind die Informationen in der Einleitung (also wer, wo usw.) wie das Sehen, Hören und Riechen. Sind die Einzelheiten nicht ausreichend oder nicht bedeutsam, können sie die Geschichte nicht gut verstehen.

Spielanleitung:

Die Wer-, Wo- und Was-Karten werden verdeckt auf den Tisch gelegt. Der erste Spieler deckt eine Karte auf und liest sie vor. Dann legt er die Karte auf das entsprechende Feld seines Spielbrettes (Wer-Kärtchen in die Wer-Spalte etc.), danach ist der nächste Spieler an der Reihe.

Variante a)
Einfaches Bingo-Spiel

Derjenige Spieler gewinnt das Spiel, der eine Reihe bestehend aus den drei wichtigen W-Fragewörtern „wer", „wo" und „was" horizontal oder diagonal auf sein eigenes Bingo-Spielbrett legen kann. Wichtig dabei ist allerdings, dass der Spieler die vollständige Einleitung einer Geschichte erzählt, in der alle drei Fragen beantwortet werden. Die Einleitung kann dabei eine erfundene Geschichte, eine vorgelegte Bildergeschichte oder ein konkretes Ereignis betreffen.

> **Beispiel:**
> *Ein Spieler ist – abwechselnd mit dem anderen Spieler – viermal an der Reihe, Karten aufzudecken. Dabei bekommt er in der ersten Runde eine **Wer-Karte**, in der zweiten eine **Wo-Karte**, in der dritten nochmals eine **Wer-** und in der vierten eine **Was-Karte**. Diese legt er nach jedem Ziehen in die richtige Spalte. So kann er nach dem vierten Ziehen eine horizontale Reihe mit **wer**, **wo** und **was** legen. Er formuliert „Gestern war ich mit Papa (wer) im Stadion (wo) beim Fußballspiel (was)" und gewinnt die Runde.*

Variante b)
Vollhaus-Bingo

Derjenige, der eine vollständige Reihe bestehend aus den drei wichtigen W-Fragewörtern wer, wo und was horizontal oder diagonal auf sein eigenes Bingo-Spielbrett legen kann, formuliert die Einleitung einer selbst ausgedachten Geschichte, in der alle drei Fragen beantwortet werden. Er gewinnt die erste Runde, aber dann wird weiter gespielt. Wer zuerst alle Felder des Bingo-Spielbretts mit passenden W-Kärtchen besetzen konnte, hat gewonnen. Bei jeder fertiggestellten Reihe muss wieder eine Einleitung formuliert werden.

6.5 Was ist los? (Thema finden; Überschrift formulieren)

Intention des Spiels	Material
– Thema, Problem („Was ist los?") einer Geschichte suchen und finden – Konzentration auf den Kern der Geschichte, das „Erzählwürdige" – Formulieren der Überschrift	Variante a) und b): – Ereignisbilder (s. Anhang 6.5.1) bzw. Fotos oder Bildergeschichten – rote und grüne Chips Variante c): – Ereignissätze (s. Anhang 6.5.2) oder Kurzgeschichten (s. Anhang 6.2.2)

Wirkung des Spiels auf die Erzählfähigkeit:

Der Erwachsene erklärt, wie wichtig es ist, das Thema einer Geschichte zu erkennen. Was passiert in der Geschichte – ganz kurz gesagt? Das Thema muss durch die ganze Erzählung hindurch klar erkennbar bleiben; sonst wird die Geschichte unverständlich (zum Beispiel Geschichte (f) Anhang 4).

Die Fähigkeit, Bilder zu deuten, muss hier zuerst trainiert werden. Besonders die Bedeutung der Striche, die Bewegung anzeigen oder den Blick auf Wichtiges lenken sollen (zum Beispiel die Reißstelle des Seils im Ereignisbild des Bergsteigers), oder die Bedeutung der Körpersprache (zum Beispiel im Ereignisbild des Mädchens, das sich mit erhobener Nase von dem Jungen abwendet) muss besprochen werden.

Spielanleitung:

Variante a):

Der Erwachsene legt ein Ereignisbild (s. Anhang 6.5.1, bzw. ein Foto oder später eine Bildergeschichte) auf den Tisch. Aufgabe beider Spieler ist es jetzt, in einem kurzen Satz das Thema des Bildes aufzuschreiben (zum Beispiel „Das Pferd wird vom Tiger angegriffen"). Kann das Kind noch nicht schreiben, schreibt der Erwachsene zuerst sein eigenes Thema auf. Danach nennt ihm das Kind sein Thema und der Erwachsene schreibt es ebenfalls auf.

Dann wird verglichen: Sind die Themen bezüglich „wer" und „was (wird gemacht)" zumindest ähnlich, haben beide, Erwachsene und Kind, einen Punkt gewonnen und erhalten einen grünen Chip. Unterscheiden sich die Themen stark voneinander, haben beide, Erwachsene und Kind, verloren und ein roter Chip wird auf die andere Seite des Tisches gelegt. Das Spiel ist gewonnen, wenn die Spieler mehr grüne Chips sammeln konnten, als rote auf der anderen Seite des Tisches liegen.

Die Fragen „wo", „wie", „wann" und „warum" werden nicht immer in der Angabe des Problems berücksichtigt, so dass Unterschiede hier von Fall zu Fall entschieden werden können.

Wenn die Kinder die Einzelheiten der Bilder schlecht deuten oder wenn sie schlecht formulieren können, werden die Themen im Vergleich zu denen des Erwachsenen am Anfang oft verschieden sein. Der Erwachsene kann dann kurz erklären, warum er das von ihm gewählte Geschichtenthema im Bild gesehen hat. Dann bespricht der Erwachsene mit dem Kind, weshalb es sein Thema gewählt hat. Ist das Thema des Kindes logisch gewesen, muss der Erwachsene dies natürlich angeben. Mit dieser Übung lernen die Kinder, das Thema eines Bildes und später das einer Bildergeschichte wahrzunehmen und zu formulieren.

Soll das Spiel als Gruppenspiel ablaufen, können zwei Gruppen gebildet werden. Die Mitglieder müssen sich dann auf einen oder höchstens zwei Sätze einigen. Diese Angabe des Themas wird mit der Angabe der anderen Gruppe verglichen. Auch in diesem Fall klärt der Erwachsene Meinungsverschiedenheiten und macht auf wichtige Einzelheiten der Bilder aufmerksam. Hier ist ebenfalls das Spiel für alle gewonnen, wenn die Spieler mehr grüne Chips sammeln konnten, als rote auf der anderen Seite des Tisches liegen.

> **Beispiel:**
>
> *Beim ersten Bild der Ereignisbilder formuliert das Kind: „Florian klettert den Berg hoch." Der Erwachsene dagegen schreibt: „Als der Bergsteiger gerade aufstieg, riss das Seil." Die Angaben zu „wer" („Florian" und „der Bergsteiger") sind ähnlich; ähnlich ist auch die Erwähnung des Bergsteigens bei der Angabe zu „was (wird gemacht)". Aber – ebenfalls bei „was" – nur von einem Spieler wird der Seilriss, der für die weitere Geschichte sehr wichtig ist, angegeben. Die Runde ist verloren: Ein Chip wird auf die andere Seite des Tisches gelegt. Unter Umständen muss die Bedeutung der Striche an der gerissenen Stelle des Seils besprochen werden.*
>
> *Beim nächsten Bild schreibt das Kind: „Der Skifahrer fällt hin." Der Erwachsene formuliert: „Walter fuhr zu schnell bergab und stürzte." Die Runde ist gewonnen, da „wer" („der Skifahrer", „Walter") und „was" („stürzte", „fällt hin") ähnlich beantwortet wurden. Die zusätzliche Angabe der Schnelligkeit ist hier nicht von herausragender Bedeutung bzw. könnte auch später in der Geschichte erwähnt werden.*
>
> *Wie hier deutlich wird, ist die Beurteilung nicht immer eindeutig, sondern muss nach der Bedeutung der Einzelheiten für die Geschichte vorgenommen werden.*

Variante b):

Dieses Spiel kann genauso angewendet werden, um Überschriften für Geschichten zu finden. Dazu läuft es ab wie oben angegeben, außer dass nach jeder Runde besprochen wird, wie man das gefundene Thema auf zwei bis vier Wörter verkürzen kann, damit es sich als Überschrift eignet. So erfahren die Kinder, dass eine Überschrift die erste Orientierung für das Thema sein soll.

> **Beispiel:**
>
> *Beim zweiten Bild wird überlegt, wie man den Satz des Kindes („Der Skifahrer fällt hin") kürzen kann, um eine Überschrift zu erhalten. „Das Hinfallen" gefällt keinem, und nach längerem Suchen entscheiden sich beide für: „Der Sturz".*

Variante c):

Die Geschichten der Kinder, die mit diesem Spiel große Schwierigkeiten haben, weisen oft einen Themenwechsel mitten in der Geschichte auf (s. zum Beispiel Geschichte (f) Anhang 4). Daher brauchen sie eine vertiefende Übung wie die folgende zur Wahrnehmung des Themas.

Zu diesem Zweck liest der Erwachsene einen Ereignissatz (Anhang 6.5.2) oder eine Kurzgeschichte (Anhang 6.2.2, diesmal mit passender Einleitung) vor und bestimmt die Antworten auf die Fragen „Wer?" und „Was?". Dann überlegt er gemeinsam mit dem Kind, was genau das Thema („Was ist los", Problem) darstellt. Dieses Thema wird anhand von Skizzen festgehalten. Während der Geschichtenspiele können immer solche kleine Themen-Skizzen als „Erinnerung" an das Wesentliche der Geschichte angefertigt werden. Dadurch lassen sich thematische Abweichungen konkret ansprechen.

> **Beispiel:**
>
> *„Alle Kinder saßen bereits im Klassenzimmer, als die Tür aufging. Es war Florian, der genau wie gestern und vorgestern zu spät kam. Die Lehrerin hatte nun genug davon und gab ihm eine Strafaufgabe. Am nächsten Tag war er pünktlich."*

Thema der Geschichte: Florian kam zu spät in die Schule
Überschrift der Geschichte: Zu spät zur Schule (Wie das Thema, aber kürzer)
Skizze: Ein Strichmännchen rennt in ein großes Gebäude mit einer Wanduhr.

6.6 Was jetzt? Gefühle! (Interne Reaktion)

Intention des Spiels	Material
– Darstellen und Begreifen der Gefühlsbezeichnungen – Verstehen und Verwenden von Verben und Adjektiven, die Gefühle ausdrücken – Finden von logischen Internen Reaktionen auf Ereignisse – Differenziertes Beschreiben – Sprach- und Leseverständnis – Gebrauch der wörtlichen Rede	Variante a) und b) – Gefühlsgesichter und Gefühlskarten (s. Anhang 6.6) Variante c) – Ereignissätze oder Ereignisbilder (s. Anhang 6.5) – Gefühlskarten oder Gefühlsgesichter, gegebenenfalls zweimal kopiert (s. Anhang 6.6)

Wirkung des Spiels auf die Erzählfähigkeit:

Die Funktion der Angabe von Gefühlen und Gedanken der Hauptfiguren muss erklärt und verstanden werden: Die Zuhörer oder Leser können die Hauptfigur viel besser verstehen, wenn sie wissen, was diese Figur denkt und fühlt. Das, was sie dann später macht, erscheint folgerichtig. Erfahren Zuhörer oder Leser nicht, was die Hauptfiguren fühlen oder denken, ist das, was sie dann später tun, eher überraschend, weil der Grund nicht bekannt ist. Es ist wichtig, die Gefühlsgesichter eingehend zu besprechen, da die Kinder anfangs oft nicht alle Einzelheiten wahrnehmen. Die Bedeutung zum Beispiel der Augenstellung, der Röte im Gesicht oder der Kopf- und Mundhaltung muss ihnen bewusst gemacht werden.

Spielanleitung:

Variante a):

Das Blatt mit den Gefühlskarten (Anhang 6.6.2) liegt offen in der Mitte des Tisches; die ausgeschnittenen Gefühlsgesichter (Anhang 6.6.1) liegen verdeckt auf einem Stapel daneben. Der erste Spieler nimmt sich eine Karte von dem Stapel der Gefühlsgesichter, behält aber den Inhalt für sich. Dann gibt er eine Situation an, in der er dieses Gefühl hat; das heißt, er beantwortet die Frage: „Wann fühlst du dich so?" Die anderen Spieler versuchen zu erraten, welches Gefühl der Mitspieler mit dieser Situation darstellen könnte; dabei dürfen sie die Gefühlskarten als Hilfestellung durchsehen. Schafft es ein Mitspieler, ein treffendes Wort für das gesuchte Gefühl zu erraten, so ist die Runde für alle Spieler gewonnen. Es können auch mehrere Gefühle zutreffend sein. Wird nach einigen Versuchen kein treffendes Wort gefunden, ist die Runde für alle Spieler verloren. Ein treffendes Wort ist in diesem Fall ein Wort, mit dem das Kind, das die Situation beschrieben hat, zufrieden ist. In manchen Fällen muss der Spielleiter bei falsch verstandenen Wörtern allerdings Einspruch erheben. Nachdem das Wort gefunden wurde bzw. nachdem die Runde für verloren erklärt wurde, wird das Gefühlsgesicht von allen angesehen und besprochen. Manchmal (bzw. bei einigen Gesichtern öfter) sind nicht alle mit dem gefundenen Gefühlswort einverstanden, weil sie im Gesicht ein anderes Gefühl sehen. Dies wird dann besprochen, damit die Wahrnehmung für Gesichtsausdrücke geschärft wird. Danach ist der nächste Spieler an der Reihe.

Wird ein Gefühlswort gefunden, erhalten die Spieler einen grünen Chip. Gelingt dies nicht, so wird ein roter Chip auf die andere Seite des Tisches gelegt. Das Spiel ist gewonnen, wenn die Spieler mehr grüne als rote Chips sammeln konnten.

> **Beispiel:**
> *Das Kind hat das erste Gesicht der Gefühlsgesichter erhalten. Es gibt an: „Ich komme nach Hause und sehe, dass mein großer Bruder meine Süßigkeiten genommen hat." Die anderen Spieler finden die Wörter „traurig, enttäuscht und wütend". Das erklärende Kind ist mit dem Ausdruck „traurig" zufrieden und die Runde ist gewonnen.*

Fehlerquelle:

Gerade Kinder, die mit dem Erzählen Schwierigkeiten haben, werden viele der Gefühlswörter nicht oder nur ungenügend kennen.

> → Lösung:
> - Je nach Anzahl können diese entweder vor dem Spiel definiert werden oder zur späteren Klärung aussortiert werden.

Variante b):

Dies ist eine Weiterentwicklung des obigen Spiels und sollte erst gespielt werden, nachdem die Kinder schon über Gefühle nachgedacht und gesprochen haben. Wie im Spiel oben liegt das Blatt mit den Gefühlskarten (Anhang 6.6.2) offen in der Mitte des Tisches; die ausgeschnittenen Gefühlsgesichter (Anhang 6.6.1) liegen verdeckt auf einem Stapel daneben. Der erste Spieler nimmt sich eine Karte vom Stapel der Gefühlsgesichter und behält den Inhalt für sich. Er gibt eine Situation an, in der er dieses Gefühl hat; das heißt, er beantwortet die Frage: „Wann fühlst du dich so?" Dann stellt er dieses Gefühl pantomimisch bzw. auch mithilfe von Lauten dar. Die Auswertung erfolgt wie oben.

> **Beispiel:**
> *Das Kind hat das zweite Gesicht der Gefühlsgesichter erhalten. Es gibt an: „Ich komme zu meinem Freund und sehe, dass er einen neuen großen Hund hat", steht dann auf und bleibt mit unsicherem Blick in der Nähe von der Tür stehen. Die anderen Spieler finden die Wörter „ängstlich, unsicher". Das erklärende Kind ist mit dem Ausdruck „ängstlich" zufrieden und die Runde ist gewonnen.*

🔔 **Fehlerquelle**:
Kinder mit Sprachstörungen haben am Anfang oft Schwierigkeiten, etwas pantomimisch darzustellen.

> → Lösung:
> ▪ Diese Fähigkeit entwickelt sich mit der Übung. Dies gilt besonders, wenn der Erwachsene selbst mitspielt, damit die Kinder nachahmen können. Auch muss der Spielleiter sprachlich auf Merkmale des Gesichtsausdruckes und der Körperhaltung aufmerksam machen.

Variante c):
Die Ereignisbilder oder Ereignissätze (Anhang 6.5) liegen verdeckt auf einem Stapel in der Mitte des Tisches. Jeder Spieler erhält eine bestimmte Anzahl an Gefühlskarten (oder Gefühlsgesichter, Anhang 6.6), die von der gewünschten Spieldauer sowie von dem Leistungsstand der Kinder abhängt. Zu Beginn des Spiels deckt der Erwachsene einen Ereignissatz (oder ein Ereignisbild) auf. Alle vergleichen ihre Gefühlskarten mit der aufgedeckten Karte. Passt eine Gefühlskarte oder ein Gefühlsgesicht eines Spielers dazu, legt er die Gefühlskarte auf die Ereigniskarte. Bestehen Zweifel daran, ob die Gefühlskarte wirklich passend ist, darf der betreffende Spieler mit einem Satz aus einer erfundenen Geschichte den Zusammenhang belegen. Kann er dies nicht oder ist das Gefühl offensichtlich unpassend, muss er eine weitere Gefühlskarte ziehen.
In der nächsten Runde deckt der nächste Spieler ein Ereignisbild oder einen Ereignissatz auf und es werden wieder alle passende Gefühle daraufgelegt.
Gewonnen hat das Spiel derjenige, der als Erster alle Gefühlskarten ablegen konnte.

Falls hier die Ereignisbilder in Gebrauch sind, können die Gefühle sowohl von den abgebildeten Figuren wie auch von dem Beobachter und Berichter des Geschehens stammen, z.B.: „Vater war entsetzt, als er die umgekippten Farbeimer sah." Findige Spieler verbinden die Gefühle auch mit dem vorangegangenen Geschehen, damit sie ihre Gefühlskarte ablegen können, z.B.: „Jakob war furchtbar gelangweilt. Da fing er an, Bauklötze zu zersägen." Solche Lösungen sind zu akzeptieren, denn sie fördern die Überlegungen, welche Gefühle in welcher Weise in der angegebenen Situation zutreffen könnten.
Falls alle anwesenden Spieler keine Verständnis- oder Wortabrufstörungen haben, kann man dieses Spiel auch „auf Schnelligkeit" spielen, das heißt, nur die erste passende Gefühlskarte darf liegen bleiben. Kinder mit Verständnis- oder Wortabrufstörungen werden allerdings durch diese Regel nur frustriert.

6.7 Was jetzt? Planspiel (Logische Pläne erkennen und formulieren)

Intention des Spiels	Material
– Erkennen und Formulieren eines logischen Plans – Formulierung der wörtlichen Rede – Sprachliche Anpassung an verschiedene Hauptfiguren	Variante a) ■ Hauptfigurenkarten 2x kopiert (s. Anhang 6.7.2) ■ Plankarten (s. Anhang 6.7.1) Variante b): ■ Ereignisbilder (s. Anhang 6.5.1) ■ Blankokarten (s. Anhang 6.9) Variante c): ■ Ereignisbilder (s. Anhang 6.5.1) ■ Hauptfigurenkarten (s. Anhang 6.7.2) ■ Würfel, Spielfiguren

Wirkung des Spiels auf die Erzählfähigkeit:

Die Bedeutung des Plans wird erklärt: Ein Plan ist die ausgereifte Überlegung, was jetzt zu tun ist. Ähnlich wie bei Gefühle/Gedanken geht es hier darum, die später folgenden Aktionen der Hauptfigur für die Zuhörer oder Leser verständlicher zu machen. Ein Plan kann als Gedanke, als gesprochene Mitteilung oder allgemein als Absicht formuliert werden.

Auch hier müssen die Spielkarten (Hauptfiguren- und Plankarten) vor dem Spiel betrachtet und besprochen werden.

Spielanleitung:

Variante a):

Die Hauptfigurenkarten (s. Anhang 6.7.2), zweimal kopiert, und die Plankarten (s. Anhang 6.7.1) werden gemischt und verdeckt auf den Tisch gelegt. Der erste Spieler deckt jeweils eine Hauptfigurenkarte und eine Plankarte auf; sie sind an der Form erkennbar. Passen die Karten nicht zueinander, verdeckt der Spieler sie wieder und der nächste Spieler ist an der Reihe. Passen die Karten zueinander, muss der Spieler den Plan der entsprechenden Hauptfigur formulieren. Das passende Kartenpaar legt er neben sich und deckt noch einmal zwei Karten auf. Passen die Karten dagegen nicht zusammen, muss er die Karten wieder hinlegen und der nächste Spieler ist an der Reihe. Gewonnen hat der Spieler, der am Ende des Spiels die meisten Kartenpaare sammeln konnte.

Pläne und Hauptfiguren müssen zueinander passen. Es ist zum Beispiel unwahrscheinlich, dass die Bibliothekarin sich denken würde: „Wurst – hole ich mir!".

Nach dem ersten Spiel, bzw. sobald das Spiel grundsätzlich verstanden wird, kann man hier – falls erwünscht – die Satzeichen dazu sprechen, um sie sich einzuprägen.

Beispiel:

Ein Spieler zieht die „Hunde-Karte" und die Karte „Wurst – hole ich mir!". Daraufhin formuliert er: „Der Hund denkt: ‚Wurst – hole ich mir!"
Mit gesprochenen Satzzeichen hieße dies: „Der Hund denkt, Doppelpunkt, Anführungszeichen unten: ‚Wurst – hole ich mir!' Ausrufezeichen, Anführungszeichen oben."
Ist die wörtliche Rede kein zusätzliches Ziel bei diesem Spiel, so gilt auch ein Plan in indirekter Rede, zum Beispiel: „Der Hund hat vor, die Wurst zu holen".

Fehlerquelle:

Für manche Kinder ist diese Vorgehensweise zu kompliziert.

> → Lösung:
> ■ In diesem Fall präsentiert man das Spiel in kleineren Schritten. Zuerst wird im Memory-ähnlichen Spiel geprüft, welche Pläne zu welchen Hauptfiguren passen könnten. Erst nachdem dieser Schritt verstanden wird, kann besprochen werden, wie der Plan in der Geschichte aufgeschrieben werden könnte.

Variante b):

In diesem Memory-ähnlichen Spiel werden die Ereignisbilder (s. Anhang 6.5.1) und die Blankokarten (s. Anhang 6.9) gemischt und verdeckt auf den Tisch gelegt. Sie sind gleich groß und so von der Rückseite nicht zu unterscheiden.

Der erste Spieler darf zwei Karten aufdecken. Findet er zwei Ereignisbilder oder zwei Blankokarten, muss er sie wieder umdrehen und der nächste Spieler ist an der Reihe. Hat er ein Ereignisbild und eine Blankokarte aufgedeckt, dann kann er für das Ereignis einen aus seiner Perspektive logischen Plan formulieren und das Kartenpaar ablegen. Bei diesem Spiel darf der Spieler aber jetzt keine Karte mehr ziehen, sondern der nächste Spieler ist an der Reihe.

Ein Plan ist logisch, wenn er einen denkbaren Weg aufzeigt. Es geht hier nicht darum, den besten Lösungsweg zu finden, sondern der Zweck ist es, logische Pläne zu formulieren.

Gewonnen hat der Spieler, der nach dem Spiel die meisten Kartenpaare ablegen konnte.

Beispiel:

Der Spieler deckt die Karte mit den umgekippten Eimern und eine Blankokarte auf. Er formuliert: Überall war Farbe (Problem). Ich dachte: „Wir müssen das wegputzen, bevor Papa kommt. Ich hole schnell einen Lappen (Plan)."

🔔 Fehlerquelle:

Das Kind versteht nicht, was ein Plan ist, bzw. kann seinen Plan nicht treffend für das Ereignis formulieren.

> → Lösung:
> - Es wird zuerst in Variante a) mit den bereits formulierten Plänen gespielt.
> - In Variante b) vereinfacht dann der Erwachsene das genaue Ausformulieren durch erklärende Vorgaben: „Du könntest sagen: Ich sah die ausgekippte Farbe und dachte mir: Jetzt muss ich …"
> - Eine Hilfe bei der gedanklichen Verbindung ist es, wenn die Kinder zuerst das Problem auf der Ereigniskarte (Verursachendes Geschehen) benennen und dazu dann einen passenden Plan formulieren.

Variante c):

Die Hauptfigurenkarten (s. Anhang 6.7.2) werden aufgedeckt in einem Kreis um ein Ereignisbild (s. Anhang 6.5.1) auf den Tisch gelegt. Zu dem Ereignisbild wird eine kurze Geschichte formuliert, die Einleitung und Verursachendes Geschehen enthält.

Es wird reihum gewürfelt und die Spieler ziehen mit einer Spielfigur im Uhrzeigersinn auf den Hauptfigurenkarten weiter. Der erste Spieler würfelt und zieht die gewürfelte Zahl von Karten weiter und landet auf einer Hauptfigur. Nun muss er einen Plan formulieren, den sich diese Hauptfigur in der auf dem Ereignisbild dargestellten Situation ausdenken könnte. Ist dieser Plan für diese Hauptfigur logisch, wird die erwürfelte Zahl notiert.

Gewonnen hat der Spieler, der nach dem Spiel die höchste aufaddierte Zahl hat.

Ein Plan ist logisch, wenn er einen für diese Hauptfigur denkbaren Weg aufzeigt. Es geht hier nicht darum, den besten Lösungsweg zu finden, sondern es geht darum, dass die Spieler lernen, Pläne zu formulieren.

> **Beispiel:**
>
> *In der Mitte des Kreises der Hauptfigurenkarten ist das Ereignisbild vom Skifahrer, der gerade stürzt. Der Spieler landet auf der Hauptfigurenkarte des Schulkindes. Der Spieler formuliert: Als Thomas den Sturz sah, dachte er gleich: „Da muss ich Hilfe holen!"*
>
> *Der nächste Spieler landet auf der Hauptfigurenkarte des Schweins und formuliert: Die Sau sah den Sturz und dachte: „Gefährlich! Weg hier!"*

6.8 Was jetzt? Was tun? (Lösungsversuch formulieren)

Intention des Spiels	Material
– Durchdenken und Formulieren der Aktion und des Lösungsversuchs – Zuordnung von adäquaten Reaktionen auf Situationen	Variante a): ■ Ereignissätze bzw. Ereignisbilder (s. Anhang 6.5) ■ Lösungskarten bzw. Lösungsbilder (s. Anhang 6.8) Variante b): ■ Ereignissätze bzw. Ereignisbilder (s. Anhang 6.5) als Spielfeld ■ Lösungskarten bzw. Lösungsbilder (s. Anhang 6.8) als Spielfeld ■ 2 Würfel ■ 5 bzw. 6 Spielfiguren

Wirkung des Spiels auf die Erzählfähigkeit:

Es wird erklärt, dass der Lösungsversuch sich aus dem Problem und aus der Reaktion der Hauptfiguren ergibt. Wenn der Zuhörer oder der Leser die notwendigen Informationen hat – also wenn er das Problem und die Hauptfigur versteht –, dann wird er auch den Lösungsversuch logisch finden.

Auch hier muss man zuerst die Bilder besprechen. Im Folgenden sind die häufigsten Interpretationen der Bilder angegeben; sie sind allerdings nicht als Vorschrift zu verstehen.

Erste Reihe: putzen, weiß nicht, fotografieren.

Zweite Reihe: weglaufen, Polizei/Feuerwehr/Wache rufen, besprechen.

Dritte Reihe: anrufen, Autorität fragen, Krankenwagen rufen.

Vierte Reihe: Hubschrauber kommen lassen, helfen, Joker: Das „Zauberstab" Lösungsbild ist ein Joker: Mit dieser Karte kann man auch eine eigene passende Lösung formulieren. Das Gegenstück dazu bei den Lösungskarten ist „das Problem lösen", d.h. auch hier kann man eine eigene Lösung erfinden.

Spielanleitung:

Variante a):

Die ausgeschnittenen Ereignissätze und Lösungskarten (bzw. Ereignisbilder und Lösungsbilder) werden jeweils gemischt und in zwei getrennten Stapeln verdeckt auf den Tisch gelegt.

Der Spieler, der an der Reihe ist, zieht einen Ereignissatz und drei Lösungskarten (bzw. ein Ereignisbild und drei Lösungsbilder). Passt das Ereignis zu einer der drei Lösungen, legt der Spieler beide Karten neben sich, formuliert passende Sätze dazu und legt die verbleibenden Lösungen wieder unter den Stapel. Passt das Ereignis zu keiner Lösung, ist der nächste Spieler an der Reihe. Die Definition einer passenden Lösung ist eine Aktion, welche die Situation auf irgendeine Weise weiterentwickeln kann.

Es sollte auch besprochen werden, dass es manchmal Lösungen gibt, welche die Situation zwar weiterentwickeln, aber große Nachteile bringen. Das sind z.B. unvernünftige Aktionen, die man ausführt, weil man nicht genügend nachdenkt. Solche Fehler kommen aber im Leben durchaus vor und deshalb auch in guten Geschichten. Findige Spieler werden diese schlechten Lösungen anwenden, um mehr Kartenpaare zu bekommen. Nachteilige Lösungen dürfen gelten, sofern sie so formuliert werden, dass sie logisch erscheinen (s. Beispiel unten). Das heißt, in diesen Fällen muss meistens das Ergebnis der Aktion (Thema des nächsten Spiels) hier auch erzählt werden. Gewonnen hat der Spieler, der die meisten Karten neben sich ablegen konnte.

Beispiel:

Das Ereignisbild mit dem „Wettkampfgewinner" und die Lösungsbilder „Telefon", „Fotograf" und „Krankenwagen" werden aufgedeckt. Der Spieler formuliert: „Karl hatte gewonnen. Die Presse machte viele Fotos" und legt das Ereignisbild und das Lösungsbild des Fotografen neben sich ab sowie auch die anderen beiden Lösungsbilder unter den Stapel.

Der Ereignissatz „Jakob war in einem Monat fünf Zentimeter größer geworden." und die Lösungskarten „den Notarzt rufen, sich beschweren, weinen" werden aufgedeckt. Die Karten passen schlecht zueinander; das Kind legt alle zurück und der nächste Spieler ist an der Reihe.

Beispiele einer nachteiligen Lösung:

Das Ereignisbild mit dem „Kind, das sein Spielzeug zersägt" und die Lösungskarte „zuschlagen" werden aufgedeckt. Der Spieler formuliert: „Mein kleiner Bruder hat mein Spielzeug zersägt, deshalb habe ich ihn geschlagen und musste dann zwei Stunden in meinem Zimmer bleiben."

Das Ereignisbild mit dem „stürzenden Skifahrer" und die Lösungskarte „weiß nicht" werden aufgedeckt. Der Spieler formuliert: „Ich sah, wie Jakob stürzte, und wusste gar nicht, wie ich helfen konnte. Ich stand einfach da, aber zum Glück kam dann ein Erwachsener und nahm ihn mit."

Variante b):

Will man die Karten oder Sätze nicht ausschneiden, kann man die Blätter als Spielfelder gebrauchen: Es wird jeweils senkrecht die gewürfelte Zahl Felder gezogen (am Ende der Spalte der Ereignisbilder oder Ereignissätze wird in die nächste Spalte gewechselt). Bei diesem Spiel würfelt man mit zwei Würfeln: Eine Zahl gilt für das Ereignisspielfeld (Bilder oder Karten) und eine für das Lösungsspielfeld (Bilder oder Karten). Weil man aber bei den Lösungen immer eine Auswahl braucht, wird auf dem Lösungsspielfeld die gewürfelte Zahl **gleichzeitig mit drei Spielfiguren weitergezogen**. Zu passenden Ereignis-/Lösungs-Kombinationen werden Sätze formuliert; in diesem Fall werden die gewürfelten Zahlen addiert und notiert. Passen die Ereignisse und Lösungen nicht, ist der nächste Spieler an der Reihe.

Gewonnen hat der Spieler mit den meisten Punkten.

> **Beispiel:**
>
> *Würfelt man eine fünf und eine eins, so könnte man mit der Figur auf dem Ereignisbilderblatt fünf Bilder weiterziehen zum Tiger, der das Pferd angreift. Die drei Figuren auf dem Lösungsbilderfeld würden in diesem Fall jeweils ein Feld weiter ziehen zu den Bildern vom putzenden Mann, schulterzuckenden Mann und fotografierenden Mann. Formuliert würde dann: „Ich wusste gar nicht, was ich tun sollte, und deshalb sah ich einfach zu."*
>
> *Würfelt man auf den Ereignissatz- und Lösungskartenfeldern eine vier und eine fünf, so könnte man mit der Figur auf dem Ereignissatzfeld vier Bilder weiterziehen zum Satz „Mitten auf der Straße hörte der Igel plötzlich Motorengeräusche: Ein Auto kam immer näher." Die drei Figuren auf dem Lösungskartenfeld würden in diesem Fall jeweils fünf Felder weiterziehen zu „putzen, nach Hause gehen, Freunde fragen". Sehr wahrscheinlich wird der Spieler angeben, dass die Lösungen nicht passen, und der nächste Spieler ist an der Reihe.*

6.9 Was jetzt? Wird's was? (Ergebnisse formulieren)

Intention des Spiels	Material
– Durchdenken und Formulieren eines möglichen Ergebnisses des Lösungsversuchs	– Ereignisbilder oder Ereignissätze (s. Anhang 6.5) – Lösungskarten bzw. Lösungsbilder (s. Anhang 6.8) – Blankokarten (s. Anhang 6.9), u.U. zweimal kopiert

Wirkung des Spiels auf die Erzählfähigkeit:
Der Lösungsversuch der Hauptfigur wird mehrere mögliche Ergebnisse haben. Das Ergebnis muss aufgrund des bisher Erzählten logisch sein, damit der Zuhörer oder Leser die Geschichte leichter verstehen kann.

Spielanleitung:
Zweck des Spiels ist es, zu einem Ereignisbild (oder Ereignissatz), einem passenden Lösungsbild (oder Lösungskarte) und einer Blankokarte eine kurze Geschichte zu formulieren. Die Blankokarten stehen für das vom Kind formulierte logische Ergebnis.

Die ausgeschnittenen Ereignisbilder, Lösungskarten (bzw. Ereignisbilder und Lösungsbilder) und Blankokarten werden sortiert und verdeckt in drei Stapeln auf den Tisch gelegt. Nun sollen möglichst viele passende Dreier-Kombinationen gefunden werden, also ein Ereignisbild, eine passende Lösungsversuchskarte und eine Blankokarte.

Bei jeder Runde darf der Spieler, der an der Reihe ist, eine Karte von jedem Stapel aufdecken. Zueinander passende Karten legt er neben sich ab, nachdem er dazu die erklärenden Sätze formuliert hat (also eine Geschichte in Kurzform). Dabei muss die Geschichte in sich logisch sein! Passen die Karten nicht zueinander oder findet der Spielleiter (mit Begründung), dass die formulierte Kurzgeschichte unlogisch ist, müssen alle Karten wieder zurück unter die jeweiligen Stapel gelegt werden. Die bereits „erzählten" Karten sind nicht mehr im Spiel.

Falls man dieses Spiel mit den Ereignisbildern und Lösungsbildern spielt, müssen die Stapel erneut gemischt und sortiert hingelegt werden, nachdem man alle Karten einmal aufgedeckt hat. Mit den Ereignissätzen und Lösungskarten ist dies dagegen nicht notwendig, allerdings müssen die Blankokarten in diesem Fall zweimal kopiert werden.

Gewonnen hat der Spieler, der am Ende einer vorher festgelegten Zeit die meisten Dreier-Kombinationen ablegen (und damit auch ausformulieren) konnte. Nach einiger Erfahrung mit dem Spiel fangen findige Spieler an, für fast jede Kombination eine Möglichkeit zu finden, wie sie zusammenpassen könnten. Da dies genau die hier zu fördernden Überlegungen über die Logik begünstigt, sind alle logischen Lösungen anzuerkennen.

Beispiel:

Ein Spieler zieht das Ereignisbild des gewinnenden Läufers, das Lösungsbild des fotografierenden Menschen und eine Blankokarte. Er formuliert: „Karl hatte gewonnen (Ereignisbild). Die Presse machte viele Fotos (Lösungsbild). Am nächsten Tag war sein Foto in allen Zeitungen, so dass ihn jetzt alle erkannten (Blankokarte = Ergebnis)."

Ein Spieler zieht das Ereignisbild der Kinder, die mit dem Teegeschirr spielen, das Lösungsbild des Uniformierten und eine Blankokarte. Er formuliert: „Die Kinder schütteten Tee aus, deshalb rief ich die Polizei und die schimpften das Mädchen." Es sind hier zwar Verursachendes Geschehen, Lösungsversuch und Ergebnis vorhanden, aber die Lösung und das Ergebnis sind nicht logisch. Dagegen hätte die folgende Kurzgeschichte gelten können: „Die Kinder schütteten Tee aus. Das kleine Mädchen rief die Polizei, denn ihre Mutter war nicht zu Hause. Die Polizisten kamen und schimpften mit ihr, weil sie wegen einer solchen Kleinigkeit anrief. Dann suchten sie die Mutter und sagten ihr, es ist verboten, kleine Kinder allein zu lassen."

Ein Spieler zieht den Ereignissatz „Mir war schmerzhaft klar: Mein Arm war gebrochen" sowie die Lösungskarte „vor Freude in die Luft springen" und eine Blankokarte. Er findet, dass die Karten nicht zueinander passen und legt sie alle zurück.

Ein Spieler zieht den Ereignissatz „Jakob war in einem Monat fünf Zentimeter größer geworden", die Lösungskarte „Feuerwehr rufen" und eine Blankokarte. Er formuliert: „Jakob war in einem Monat fünf Zentimeter größer geworden. Er rief sofort bei der Feuerwehr an, denn jetzt war er groß genug, in die Jugendfeuerwehr einzutreten. Beim nächsten Treffen war er dabei."

6.10 Schluss-Rate-Spiel (Funktion der Schlusssätze erkennen)

Intention des Spiels	Material
– Erkennen der Funktion und Bedeutung der Schlusssätze einer Geschichte – Formulierung von Schlusssätzen	Variante a und b) – Spielfeld mit Geschichten-Schlusssätzen unsortiert (s. Anhang 6.10.2) – Kategorienkarten (s. Anhang 6.10.3) – Würfel, Spielfigur Variante c) – Kategorienkarten (s. Anhang 6.10.3) – Ereignisbilder bzw. Ereignissätze als Spielfeld (s. Anhang 6.5) – Würfel Variante d) – Kategorienkarten (Anhang 6.10.3) – Schlusssätze der Geschichtenpuzzles (Anhang 7.1)

Wirkung des Spiels auf die Erzählfähigkeit:

Wenn absehbar ist, dass der Schluss der Geschichte in nächster Zeit behandelt wird, kann der Erwachsene einige Sitzungen mit einem gemeinsam formulierten „Schluss der Stunde" beenden. Es kann erklärt werden, dass der Schluss einer Geschichte die gleiche Rolle spielt wie der Abschluss der Sitzung. Der Schluss macht dem Zuhörer oder Leser klar, dass die Geschichte zu Ende ist und hilft, sie zu überdenken. Auch für Geschichten gibt es dafür mehrere Methoden (Kategorien). Manchmal beinhaltet ein Schluss auch gleich zwei oder mehr Kategorien. Im Anhang 6.10 stehen zuerst nach Kategorien sortierte Schlusssätze, dann gemischte.

Beim Formulieren der Schlusssätze der Sitzung beginnt man mit einfacheren Kategorien (zum Beispiel Zusammenfassung) und arbeitet sich zu den schwierigeren (zum Beispiel Moral) vor.

Diese Schlusssätze können schriftlich unter der entsprechenden Überschrift festgehalten werden; so entwickeln die Kinder ein Gefühl für die Bedeutung der verschiedenen Methoden, eine Geschichte abzuschließen. Gerade den Begriff „Moral" verstehen Kinder oft nicht. Deshalb ist es wichtig, die Bedeutung in Alltagssituationen zuerst erfahrbar zu machen.

Beispiel Zusammenfassung:

„Als Abschluss können wir sagen: Heute haben wir Bildergeschichten angeschaut, Einleitungs-Bingo gespielt und dann zusammen aufgeräumt."

Beispiel Gedanken/Gefühle:

„Als Abschluss können wir sagen: Ich finde, dass unkonzentrierte Leute wie ich nicht gut beim Memory-Spiel sind!"

Beispiel Gelernt:

„Als Abschluss können wir sagen: Ich habe heute gelernt, mehr auf die Lage der Karten bei Memory zu achten."

Beispiel Zukunft:

„Als Abschluss können wir sagen: Ab heute werde ich bei Memory besser aufpassen."

Beispiel Moral:

„Was wäre die Moral dieser Stunde, was können alle Leute daraus lernen? Vielleicht können wir als Abschluss sagen, dass ältere Leute nie mit Kindern Memory spielen sollten, denn sie verlieren immer!"

Spielanleitung:

Abschluss-Kategorien:

- **Zusammenfassung** des **Geschehenen**
- die **Gedanken** oder **Gefühle** der Hauptfigur über das **Geschehene**
- das, was die Hauptfigur **gelernt** hat
- das, was die Hauptfigur in **Zukunft** machen wird
- die **Moral** (das, was **alle lernen können**): wird oft in Präsens (Gegenwart) geschrieben!

Variante a):

Jeder Spieler besitzt fünf verschiedene Kategorienkarten (s. Anhang 6.10.3); zumindest beim ersten Spiel sollten die Kategorien noch einmal mit Beispielen erklärt werden. Die Spielfiguren stehen auf dem obersten Feld des Spielfelds mit den unsortierten Schlusssätzen (s. Anhang 6.10.2) und bewegen sich von oben nach unten, entsprechend der gewürfelten Zahl. Der erste Spieler würfelt, zieht zum entsprechenden Satz und liest ihn vor. Dann muss er sich entscheiden, in welche Kategorie dieser Satz am besten einzuordnen ist.

Ist die Kategorisierung zutreffend, darf der Spieler diese Kategorienkarte ablegen (falls nicht, müssen die Kategorien noch einmal erklärt werden). Gelangt eine Spielfigur an das Ende des Spielfelds, dreht sie sich um und bewegt sich in umgekehrter Richtung wieder zurück. Gewinner des Spiels ist derjenige, der als Erster alle Kategorienkarten ablegen konnte, bzw. der Spieler, der nach einer vorher festgelegten Zeit die meisten Kategorienkarten ablegen konnte.

> → **Hinweis**: Einige Schlusssätze können in mehr als eine Kategorie gehören.

Variante b (Vereinfachung):
Vereinfachen lässt sich das Spiel durch das Ausschneiden der einzelnen Satzstreifen, da sich so mit nur zwei Kategorien beginnen lässt. Wegen der so eingegrenzten Zahl der Sätze können allerdings nur zwei Spieler mitspielen. Jeder Spieler erhält vier Kategorienkarten, das heißt jeweils zwei der ausgewählten Kategorien.

Variante c):
Dieses Spiel ist sehr komplex und eher für Fortgeschrittene konzipiert. Würfel mit unterschiedlichen Augenzahlen werden auf die Rückseite der ausgeschnittenen Kategorienkarten gemalt. Diese werden verdeckt auf den Tisch gelegt und „erwürfelt". Ein Ereignisbild bzw. ein Ereignissatz wird auf dem offen liegenden Spielfeld ebenfalls erwürfelt. Zu diesem Bild bzw. Satz wird nun eine sehr kurze Geschichte mit Schlusssatz formuliert. Die Kategorie des Schlusssatzes ist durch die erwürfelte Kategorienkarte vorgeschrieben. Ist der Schlusssatz treffend, wird die Punktzahl der Kategorienkarte aufgeschrieben.
Gewonnen hat der Spieler, der nach dem Spiel die meisten Punkte sammeln konnte.

> **Beispiel**:
> *Ein Spieler hat eine sechs gewürfelt und die Kategorienkarte „Moral" gezogen (auf der Rückseite dieser Karte war ein Würfel mit der Zahl sechs). Zum Ereignisbild des Autounfalls erzählt er: „Gestern fuhr ein Mann zu schnell, hatte einen Unfall und musste ins Krankenhaus. Man sollte nicht zu schnell fahren, weil es gefährlich ist."*

Variante d):
Die Kategorienkarten (Anhang 6.10.3) und die Schlusssätze der Geschichtenpuzzles (Anhang 7.1) werden verdeckt auf den Tisch gelegt. Der erste Spieler deckt je eine Kategorienkarte und einen Schlusssatz auf. Passen sie zueinander, darf er sie behalten. Gewinner ist, wer am Ende des Spiels die meisten Paare hat.

> → **Anmerkungen**:
> - Oft gehören zwei Sätze zum Abschluss der Geschichtenpuzzles; sie müssen in diesem Fall mit einer Klammer zusammengehalten werden.
> - Oft können die Sätze in zwei Kategorien passen.

7 Spielanleitungen: Kohäsions- und Sprachspiele

Ziel der Kohäsions- und Sprachspiele ist die Förderung des sprachlichen Zusammenhangs einer Geschichte. Im Gegensatz zu den Kohärenzspielen, in denen es um die Tiefenstruktur geht, handelt es sich hier um die Oberflächenstruktur. Diese Spiele ergeben einen „sprachlichen Feinschliff", der wichtig wird, sobald die Tiefenstruktur verinnerlicht wurde, und der die Tiefenstruktur letztendlich zusätzlich verstärkt.

7.1 Geschichtenpuzzle (Kohäsionsmittel wahrnehmen)

Intention des Spiels	Material
– Wahrnehmung für Einzelheiten schulen – Wahrnehmung der verbindenden (kohäsiven) Mittel und deren Funktion schulen – Erkennen der Reihenfolge der Geschichtenteile – Verbesserung des Lesesinnverständnisses	Variante a) – Satzstreifen als Geschichtenpuzzle (s. Anhang 7.1) Variante b) – Zusammengefügte Geschichten

Wirkung des Spiels auf die Erzählfähigkeit:

Anhand eines echten Puzzles mit großen Stücken (fünf bis zehn Teilen) wird zunächst untersucht, wie man passende Stücke findet. Bei den Puzzles sind es erstens die kleinen Verzahnungen, also die Einschnitte und Ausbuchtungen, die ineinander passen, auf deren Form man achten muss. Es sind aber auch zweitens die Farben und Umrisse, die ein Gesamtbild ergeben, auf das man achten muss.

Es ist nicht immer leicht, diese kleinen Hinweise zu finden: Es braucht Übung, um die Form, die Farben und die Umrisse zu sehen, die auf ein Zusammengehören hinweisen. Es ist nützlich, die Kinder darauf hinzuweisen, dass sie das Zusammensetzen dieses Puzzles als leicht empfinden: Beim Puzzlen haben sie schon die notwendige Übung und außerdem sind hier die Form der Verzahnungen und das Gesamtbild gut erkennbar.

Bei Geschichten gibt es ebenfalls bestimmte Teile – also Wörter –, die auf einen anderen Satz hinweisen und so die zwei Sätze wie die Verzahnungen im Puzzle miteinander verbinden. Diese Wörter bewirken, dass die Geschichte wie ein Puzzle zusammenpasst. Zusätzlich zu diesen Wörtern gibt es aber auch bei der Geschichte – wie beim Puzzle – ein Gesamtbild, bei dem keine Flächen fehlen dürfen.

Fehlen die verbindenden Wörter oder fehlen Teile des Gesamtbildes, dann ist es schwer zu sehen, wie die Geschichte zusammengehört. Meistens sind Geschichten ja zusammenhängend und nicht auseinandergeschnitten wie ein Puzzle. Das Auseinanderschneiden ist allerdings ein Test für eine gute Geschichte. Wenn sie sich nicht von den meisten Menschen wieder zusammensetzen lässt, fehlen entweder die Verbindungen oder Teile des Gesamtbildes.

Bei fehlenden Verbindungen oder Gesamtbildteilen wird die zusammengesetzte Geschichte schwer zu verstehen sein, weil der Leser nicht mitdenken kann. Um die Geschichte zu verstehen, muss der Leser in diesem Fall selbst die Verbindungen ausdenken – aber so gut wie dem Geschichtenerzähler gelingt es dem Leser nie, weil die Hintergrundinformationen nur dem Geschichtenerzähler bekannt sind (s. auch 6.3 Das Bühnenspiel).

Ziel der Spiele ist, die „Geschichtenpuzzles" zusammenzusetzen und festzustellen, welche Wörter und welche Thementeile – Teile des Gesamtbildes also – die Sätze verbinden und eine Reihenfolge anzeigen.

Spielanleitung:

Vorbereitung: Die ausgewählte Geschichte in Anhang 7.1 wird fotokopiert und auseinandergeschnitten. Manche Geschichten haben zwei Episoden: Der erste Satz der zweiten Episode ist mit einer „2" markiert. Am Anfang empfiehlt es sich, die kürzeren Geschichten zu bearbeiten. Es ist auch meist möglich, die Geschichten durch Weglassen einiger Sätze zu kürzen.

Variante a):

Die Satzstreifen einer Geschichte werden offen und ungeordnet auf den Tisch gelegt. Erwachsene und Kind fügen nun die Geschichte wieder zusammen, wie bei einem Puzzle. Dann wird die zusammengelegte Geschichte mit der Vorlage verglichen. Die Runde ist gewonnen, wenn die gelegte Geschichte mit der Vorlage übereinstimmt. In seltenen Fällen können Sätze ausgetauscht werden, ohne die Geschichte in Kohärenz und Kohäsion zu stören. Im Zweifelsfall entscheidet der Spielleiter, also der Erwachsene.

Bei den ersten Durchgängen empfiehlt sich ein „lautes Denken" des Erwachsenen, um das Kind auf die sprachlichen Hinweise zur Reihenfolge aufmerksam zu machen. Ziel ist es, dass das Kind die verbindenden, also kohäsiven Mittel später eigenständig als solche erkennen und die sich daraus ergebenden Informationen richtig interpretieren kann (s. textlinguistische Grundlagen). Anhand dieser Wahrnehmung ist es erst in der Lage, selbst kohäsive Mittel passend anzuwenden.

Auf folgende kohäsiven Mittel sollte man das Kind aufmerksam machen (s. auch 2.2.2)

1. **Die Wiederholung** *kann* als Verzahnung wirken. Es muss dem Kind erklärt werden, dass eine Teilwiederholung meist als verbindendes Mittel wirkt, eine wortwörtliche Wiederholung dagegen oft stört.

2. **Das Ersetzen** (Substitution) einer sprachlichen Einheit durch eine andere wirkt eher als Verzahnung (zum Beispiel Synonymie [Gleichordnung, zum Beispiel „*Klara*" → „*die Schwester*"] oder Hyperonymie [Überordnung, zum Beispiel „*der Tiger*" → „*das Tier*"]).

3. **Die Fürwörter** wirken eher als Verzahnung (Pro-Formen, hier meist Pronomen, können vom Nomen zum Pronomen verbinden oder auch von Pronomen zu Pronomen).

4. **Die Zeitstufe** wirkt eher als Verzahnung. Die Präsentation der Handlung in der gleichen Zeitstufe zeigt den zeitlichen Zusammenhalt an.

   Zusätzlich dazu verbindet der inhaltliche zeitliche Zusammenhang die Sätze durch **Zeitadverbien (Umstandswort der Zeit) oder Erklärung der Zeit**. Diese wirken eher als Ergänzung des Gesamtbildes.

5. **Die Bindewörter** wirken eher als Ergänzung des Gesamtbildes. Konjunktionen (*und, weil* ...) und Konjunktionaladverbien (*deswegen* ...) erklären den Hintergrund und verbinden Sätze mit der Logik des Inhalts.

6. **Hinweiswörter oder (oft) Umstandswörter des Ortes (Situationsdeixis)** wirken eher als Verzahnung. Sie haben kaum eine eigene Bedeutung, verbinden aber die Sätze durch Hinweis auf einen vorhergehenden Inhalt (*dort will sie* ...).

Substitution und Situationsdeixis werden hier in den Geschichtenpuzzles, in 7.2 „Nicht schon wieder" (Variante c) und in 7.10 „Puzzlebau" besonders verdeutlicht: Die anderen Kohäsionsmittel werden sowohl hier wie auch jeweils in eigenen Spielen hervorgehoben.

Beispiel:
Der Erwachsene macht das Kind durch „lautes Denken" auf die sprachlichen Hinweise zur Reihenfolge aufmerksam. „Schauen wir diesen Satz an: „Sie war traurig." Wer ist „sie"? Das wissen wir noch nicht – dann müssen wir nach einem Satz schauen, der uns das sagt. Hier: „Maria hatte ihren Hund verloren." Dieser Satz könnte uns sagen, wer „sie" ist. Also muss der Satz mit dem Namen zuerst kommen. Hier ist „sie" das verbindende Wort – „sie" verbindet zu Maria."
Beim nächsten Durchgang wird dem Kind nur geholfen, wenn es Schwierigkeiten hat.
So zeigt man nicht nur die Funktion von Pronomen, sondern auch anderer Wörter, die einen Zusammenhang herstellen, wie beispielsweise „dort", „wieder", „noch einmal", „danach", „genauso", „dann", „also", „aber", „auch", „trotzdem", „weil" usw.

Variante b):
Sobald die Geschichte zusammengefügt ist, können alle versuchen, mindestens ein „Verbindungsstück", also ein verbindendes Wort in jedem Satz, zu finden, das auf die Stellung des Satzes in der Geschichte hinweist. Zum Beispiel weist „trotzdem" auf eine Tatsache hin, muss also normalerweise nach der Vorstellung dieser Tatsache kommen. Hier muss nicht nur das verbindende Wort aufgezeigt werden, sondern es muss auch der Inhalt erklärt werden, auf den das Wort hinweist. Gelingt das Auffinden eines Verbindungswortes für jeden Satz, gewinnen alle, gelingt es nicht, verlieren alle.

Beispiel:
Geschichte 1, fünfter Satz: „Danach" weist auf das Erlebnis der Katze hin, die vom Baum nicht wieder hinunterklettern konnte.

7.2 Nicht schon wieder! (Wiederholungen erkennen)

Intention des Spiels	Material
– Wahrnehmung von Wiederholungen innerhalb einer Geschichte – Verstehen ihrer störenden (bzw. manchmal kohäsiven) Funktion – Auffinden anderer Ausdrucksmöglichkeiten, zum Beispiel Substitution, Pronomen (s. textlinguistische Grundlagen: Kohäsion)	– Wiederholungsgeschichten (s. Anhang 7.2) – Chips verschiedener Farben

Wirkung des Spiels auf die Erzählfähigkeit:

Das erste Ziel dieses Spiels ist die Schulung der Wahrnehmung, ihm folgt die Schulung des Sprachgefühls. Nicht alle Wiederholungen sind störend; besonders Teilwiederholungen (partielle Rekurrenz: Wiederholung eines Teiles des Vorangegangenen, s. 2.2.2 Rekurrenz) können für das Verständnis sogar recht nützlich sein.

Spielanleitung:

Variante a):

Die Anzahl der vorhandenen Wiederholungen ist am Ende jeder Geschichte abgedruckt; diese Zahl wird vor dem Spiel abgedeckt. Der Erwachsene liest gemeinsam mit dem Kind die Geschichten durch. Jeder, der dabei eine Wiederholung bemerkt, legt einen Chip darauf (Achtung: hierbei wird die erste Erwähnung sozusagen rückwirkend mitgezählt!). Stimmt die abgedeckte Zahl mit der Anzahl der gefundenen Wiederholungen überein oder ist die Zahl der gefundenen Wiederholungen sogar höher, haben alle Spieler gewonnen. Ist die abgedeckte Zahl aber höher als die Zahl der gefundenen Wiederholungen, haben alle Spieler verloren.

Variante b):

Wiederholungen können auch als Kohäsionsmittel dienen. Zusammen mit dem Kind wird besprochen, welche Wiederholungen in den Wiederholungsgeschichten eher stören und welche eher helfen. Auch die Geschichtenpuzzles (s. Anhang 7.1) können auf Wiederholungen durchsucht werden: Hier sind Wiederholungen meist als Kohärenzmittel eingesetzt; es sind aber auch Beispiele zu finden, die als störend gelten könnten.

Da das Sprachgefühl der Kinder häufig unterentwickelt ist, ist es schwer für sie, eine störende Wiederholung von einer nützlichen zu unterscheiden. So gibt man ihnen einige konkrete Verhaltensregeln:

- Wiederhole nie ein Substantiv (Hauptwort), Verb (Tunwort) oder Adjektiv (Wiewort) im gleichen Satz!
- Wiederhole nicht mehr als zweimal im gleichen Absatz!
- Im nächsten Absatz dürfen Hauptwörter, Tunwörter und Wiewörter wiederholt werden!
- Falls man wiederholt, ist es besser, das Wort nicht zusammen mit den gleichen Wörtern wie beim ersten Mal zu verwenden.

Variante c):

Diese Variante ist nur für Fortgeschrittene, die bereits viele der Kohärenzspiele kennen. Alle Spieler überlegen gemeinsam, wie viele Möglichkeiten gefunden werden können, um drei ausgesuchte Wiederholungen zu vermeiden. Jede Möglichkeit wird mit einem Punkt verbucht. Dabei ist es für die Kinder am einfachsten, wenn die verschiedenen Möglichkeiten schriftlich vorliegen:

Ersetzen, zum Beispiel: der Tiger – das Tier

Umstandswörter oder Hinweise, zum Beispiel: in der Schule – dort

Fürwörter, zum Beispiel: Maria – sie

Auslassen, zum Beispiel: Als sie in der Schule ankam – als sie ankam

Umformulieren, zum Beispiel: Meine Cousine und ich erreichten die Schule schnell – die Schule war schnell erreicht.

Das Spiel ist gewonnen, wenn für drei Wiederholungen sieben Möglichkeiten gefunden werden, die Wiederholung zu vermeiden. Zwei Möglichkeiten sind meistens zu finden; dagegen ist es oft schwieriger, drei zu finden.

> **Beispiel „Im Tierpark", s. Anhang 7.2:**
>
> *Wiederholung:* **Meine Schwester Susi** *und ich räumten ganz schnell die Kinderzimmer auf.*
> *Hier werden zwei Möglichkeiten gefunden (zwei Punkte werden aufgeschrieben):*
> 1) *Pronomen (Fürwort) (Wir räumten ...)*
> 2) *Umformulieren ins Passiv (Die Kinderzimmer waren schnell aufgeräumt)*
>
> *Wiederholung: Am besten gefielen uns die* **Seelöwen**.
> *Hier werden drei Möglichkeiten gefunden (drei Punkte werden aufgeschrieben):*
> 1) *Pronomen (Fürwort) (Sie gefielen uns ...)*
> 2) *Umformulieren in einen Nebensatz (... die uns am besten gefielen)*
> 3) *Substitution (Ersetzung) (Die lustigen Tiere gefielen uns ...)*
>
> *Es liegen bereits fünf Punkte vor: Wenn für die nächste Wiederholung zwei Möglichkeiten gefunden werden können, ist das Spiel gewonnen.*

7.3 Wechselgeschichten (Perspektivenwechsel wahrnehmen)

Intention des Spiels	Material
– Erkennen der Erzählerperspektive	– Wechselgeschichten (s. Anhang 7.3)
– Wahrnehmung und Korrigieren von Perspektivenwechsel (zum Beispiel Wechsel von der 3. in die 1. Person)	– Chips verschiedener Farben

→ **Hinweis**: Dieses Spiel sollte nur angewendet werden, wenn die Geschichten des Kindes tatsächlich Perspektivenwechsel aufweisen.

Wirkung des Spiels auf die Erzählfähigkeit:

Bei der Erklärung der Erzählerperspektive wird nur vom „Erzähler" gesprochen: Eine Geschichte kann nur von einer Person erzählt werden. Der Erzähler kann eine Figur sein, die in der Geschichte selbst eine Rolle spielt: In diesem Fall wird in der „Ich"- oder „Wir"-Form (1. Person) erzählt. Oder aber der Erzähler betrachtet das Geschehen von außen: In diesem Fall erzählt er mit den Namen oder Beschreibungen der Figuren (3. Person) und mit „er" oder „sie". Wechselt der Erzähler, das heißt fängt mitten in der Geschichte ein anderer an zu erzählen, dann weiß der Zuhörer nicht mehr, wer jetzt erzählt. Er kann die Geschichte meist nicht mehr richtig verstehen.
Wörtliche Rede stellt allerdings keinen **Erzählerwechsel** dar! In diesem Fall redet nicht der Erzähler selbst, sondern eine der Figuren in der Geschichte. Das muss der Erzähler durch Wörter wie *„er sagte"* sowie auch durch Anführungszeichen **anzeigen**. Sind keine Anführungszeichen zu sehen, redet der Erzähler und nicht die Figur in der Geschichte.

Als Faustregel gilt also:
Erzählen in der dritten Person: Meist sind die Wörter „er" oder „sie" zu finden. Die Wörter „ich", „mein", „wir", „unser" kommen nur innerhalb von Anführungszeichen vor. Hier redet ein Erzähler, der nicht von sich selbst und seinem eigenen Leben erzählt.
Erzählen in der ersten Person: Die Wörter „ich", „mein", „wir", „unser" sind auch außerhalb der Anführungszeichen zu finden. Hier erzählt der Erzähler von sich und von seinem eigenen Leben.

Um den Begriff des Erzählers weiter zu klären, können die „Welcher Kopf? – Kurzgeschichten" mit passender Einleitung (s. Anhang 6.2.2) besprochen und in „Erzähler in erster Person" oder „Erzähler in dritter Person" eingeteilt werden.

Spielanleitung

Variante a):

Der Erwachsene liest gemeinsam mit dem Kind die Wechselgeschichten durch. Gleich beim ersten Satz wird bestimmt, ob der Erzähler von sich erzählt (1. Person) oder von jemandem anderen (3. Person). Jeder Satz, in dem der Erzähler nun anders erzählt als im ersten Satz, wird mit einem Chip markiert. Die Anzahl der Sätze in der abweichenden Perspektive ist am Ende jeder Geschichte abgedruckt; diese Zahl muss vor dem Spiel abgedeckt werden. Stimmt die abgedeckte Zahl mit der Anzahl der gefundenen Sätze überein, haben alle Spieler gewonnen. Ist die abgedeckte Zahl anders als die Zahl der gefundenen Sätze, haben alle Spieler verloren.

> **Beispiel „Das Picknick", s. Anhang 7.3:**
>
> *In der Wechselgeschichte „Das Picknick" wird der erste Satz vorgelesen: „Am Samstag standen ich und meine Schwester früh auf." Der Erzähler wird bestimmt: Es sind im Text keine Anführungszeichen zu sehen und es wird in der Ich-Form erzählt, also ist der Erzähler eine Figur in der Geschichte und erzählt in der ersten Person von sich und seinem eigenen Leben. Im nächsten Satz: „Wir schauten hinaus: Es war richtig schönes Frühlingswetter." ist dies noch der Fall. Im dritten Satz aber: „Die Schwestern wollten gerne ein Picknick machen." redet der Erzähler, als ob es nicht mehr sein eigenes Leben ist. Es wird nicht mehr mit „ich und meine Schwester", sondern mit der Beschreibung der Figuren („die Schwestern") erzählt. Dieser Satz wird mit einem Chip markiert: Hier hat der Erzähler ohne Erklärung die Perspektive gewechselt.*

Variante b):

Die Sätze, bei denen der Erzähler die Perspektive gewechselt hat, können im Anschluss an das Spiel mündlich korrigiert werden.

> **Beispiel „Das Picknick", s. Anhang 7.3:**
>
> *Anstatt „Die Schwestern wollten gerne ein Picknick machen", muss es heißen: „Wir wollten gerne ein Picknick machen", denn am Anfang hat eines der Mädchen als Hauptfigur selbst die Geschichte erzählt.*

7.4 Pronomen-Memory (Beziehung Pronomen/Referenten erkennen)[1]

Intention des Spiels	Material
– Erkennen der Beziehung zwischen Pronomen (hier: Personalpronomen) und Referenten (vgl. textlinguistische Grundlagen, Kohäsion) – Eigenständige Pronomenbildung (Nominativ)	Variante a) – Pronomenbilder (doppelt kopiert, s. Anhang 7.4.1) oder Pronomenkarten (s. 7.4.2) Variante b) und c) – Pronomenkarten (Anhang 7.4.2)

	Kasus	**Numerus, Genus**	**Personalpronomen**
Stufe A:	1. Fall: Nominativ (wer, was)	3. Person Singular: f., m., n. 3. Person Plural	sie, er, es sie
Stufe B:	4. Fall: Akkusativ (wen, was)	3. Person Singular: f., m., n. 3. Person Plural	sie, ihn, es sie
Stufe C:	3. Fall: Dativ (wem)	3. Person Singular: f., m., n. 3. Person Plural	ihr, ihm, ihm ihnen

Wirkung des Spiels auf die Erzählfähigkeit:

Im Spiel „Nicht schon wieder!" (s. 7.2) wurde aufgezeigt, dass wortwörtliche Wiederholungen oft störend wirken können. Um diese zu vermeiden, kann man Pronomen (Fürwörter) einsetzen, also Wörter, die stellvertretend für ein Nomen (Namenwort) stehen können. Pronomen gibt es in verschiedenen Formen. Dieses Spiel soll ihre Anwendung geläufiger machen.

Spielanleitung:

Variante a) (Nominativ, für nicht lesende Kinder mit den Pronomenbildern, für lesende Kinder mit den Pronomenkarten):

Die Pronomenbilder werden gemischt und verdeckt auf den Tisch gelegt. Der erste Spieler deckt zwei Karten auf. Sind die Karten nicht gleich, ist der nächste Spieler an der Reihe. Sind die Karten gleich, muss der Spieler kurz erzählen, was auf einer der Karten abgebildet ist. Bei der zweiten Karte verwendet er das passende Pronomen (Fürwort) im gleichen Satz. Dann legt er das passende Kartenpaar neben sich und deckt noch einmal zwei Karten auf. Passen sie, verfährt er mit ihnen wie mit dem Kartenpaar zuvor. Passen sie nicht, ist der nächste Spieler an der Reihe.

Mit den beschrifteten Pronomenkarten läuft das Spiel mit lesenden Kindern ähnlich ab, auch sie decken zwei Karten (eine kleinere und eine größere) auf. Passt das aufgedeckte Pronomen zum Satz auf der anderen Karte, liest das Kind zuerst den Satz, dann formuliert es ihn mit dem passenden Pronomen um. Passen die Karten nicht, ist der nächste Spieler an der Reihe.

Gewonnen hat der Spieler, der am Ende die meisten Paare sammeln konnte.

---

1 Erstellt in Zusammenarbeit mit Sandra Schütz

Beispiel mit Pronomenbildern:

Zwei Karten werden aufgedeckt, die beide das Bild einer laufenden Frau zeigen. Das Kind bildet die Sätze: „Die Frau läuft. Sie läuft." und deckt das nächste Kartenpaar auf.

Beispiel mit Pronomenkarten:

Zwei Karten werden aufgedeckt, „Der Kater faucht" und „Er". Das Kind liest zuerst: „Der Kater faucht.", formuliert dann: „Er faucht." und deckt das nächste Kartenpaar auf.

Variante b) und c): (Akkusativ und Dativ, nur für lesende Kinder)

Die Karten werden gemischt und verdeckt auf den Tisch gelegt. Der erste Spieler deckt eine Satzkarte und eine Pronomenkarte (erkennbar an der Größe) auf. Passen sie nicht zueinander, das heißt passt das Pronomen auf der Karte nicht zu dem unterstrichenen Nomen im Satz, ist der nächste Spieler an der Reihe. Passt das Pronomen aber zu dem Nomen, liest der Spieler den Satz auf der Satz-Karte laut vor. Dann wiederholt er den Satz und fügt das korrekte Pronomen anstelle des unterstrichenen Nomens ein. Das passende Kartenpaar legt er neben sich und deckt zwei weitere Karten auf. Passen die Karten nicht zueinander, ist der nächste Spieler an der Reihe. Gewonnen hat der Spieler, der am Ende die meisten Paare sammeln konnte.

Beispiel:

Der Spieler hat die Karten „Die Katze trinkt den Saft" und „ihn" aufgedeckt. Er formuliert: „Die Katze trinkt den Saft. Die Katze trinkt ihn.", legt die Karten neben sich ab und deckt zwei weitere Karten auf.

7.5 Bindewortspiel (Klärung der Bedeutung durch wiederholten Gebrauch)

Die Bedeutung bzw. syntaktische Funktion von Bindewörtern (Konjunktionen) ist vielen Kindern unklar. Im Anhang 7.5.1 ist eine kurze Erklärung mit einigen Beispielen aufgeführt.

Will man den Gebrauch von Bindewörtern mit den Kindern einüben, ist oft eine zusätzliche wiederholende Übung notwendig, um die semantisch/syntaktische Bedeutung der Bindewörter zu klären. Die Übungsblätter in Anhang 7.5.2 können diesen Zweck für einige Konjunktionen erfüllen.

Intention des Spiels	Material
– Klärung der semantisch/syntaktischen Bedeutung von Bindewörtern, das heißt von Konjunktionen und Konjunktionaladverbien durch Wiederholung im Kontext – Aufbau von komplexeren Satzkonstruktionen (Nebensätze) und satzübergreifenden Strukturen (siehe Kohäsion) – Erleichterung der Anwendung durch wiederholten Gebrauch	Variante a und b): – Bindewortkarten (s. Anhang 7.5.3) – Ereignisbilder (s. Anhang 6.5.1) – eine Spielfigur – Chips verschiedener Farben – Würfel Variante c): – Bindewortkarten (s. Anhang 7.5.3) – Bildergeschichten – Chips verschiedener Farben – Würfel

Wirkung des Spiels auf die Erzählfähigkeit:

Zunächst muss der Erwachsene durch eine Spontansprachprobe überprüfen, welche Bindewörter (Konjunktionen, Konjunktionaladverbien) das Kind bereits gebraucht. Kinder, die nur wenige anwenden, sollten anfangs mit einfacheren Bindewörtern spielen, z.B. eine Auswahl aus den ersten fünf Bindewortkarten. Werden diese Bindewörter beherrscht, können allmählich neue hinzugenommen werden.

Die Funktion der Bindewörter wird als Hilfe erklärt, um dem Zuhörer oder Leser die Hintergründe des Geschehens aufzuzeigen. Überhaupt ist es vielen Kindern unklar, dass eine Geschichte erst durch das Aufzeigen dieser Hintergründe verständlich wird. Dies muss am Beispiel des Bühnenspiels (s. Anhang 6.3) gezeigt werden, bei dem die Abhängigkeit der Zuhörer vom Erzähler immer wieder erlebt wurde.

Einige Kinder nehmen wichtige Einzelheiten der Bilder und ihre Bedeutung für dieses „Hintergrundwissen" des Geschehens nicht wahr. Anhand dieses Spiels kann ihnen die Bedeutung dieser Kleinigkeiten nachvollziehbar aufgezeigt werden. Dies führt oft auch zu einer Erweiterung des Weltwissens.

Spielanleitung:

Variante a):

Jeder Spieler erhält gleich viele Chips von einer Farbe. Die Karten mit den Ereignisbildern, die als Spielfeld dienen, werden im Kreis offen auf den Tisch gelegt. In der Mitte des Kartenkreises liegt ein Bindewort. Der erste Spieler würfelt und zieht mit der Spielfigur im Uhrzeigersinn die erwürfelte Zahl Ereignisbilder weiter um den Kartenkreis. Bei der ersten Runde kann er von einem beliebigen Ereignisbild anfangen. Er vergleicht das Bild, auf dem er gelandet ist, mit dem Bindewort in der Mitte und formuliert einen Satz. Wird das Bindewort bedeutungspassend im Satz verwendet, darf der Spieler seinen Farbchip auf die Karte legen. Manchmal sind in einem Satz zwei oder mehr Bindewörter (zum Beispiel trotzdem und obwohl).

Karten dürfen mit Chips **verschiedener** Farben mehrfach besetzt werden, aber nicht mehrfach mit Chips der gleichen Farbe. Landet der Spieler also auf einer Karte, auf der bereits sein Farbchip liegt, muss er aussetzen. Nun würfelt der nächste Spieler und zieht im Uhrzeigersinn weiter. Gewonnen hat der Spieler, der zuerst alle Karten mit seinen Chips besetzen konnte. Es kann aber auch nach Zeit gespielt werden, so dass beispielsweise derjenige gewonnen hat, der nach fünf Minuten die meisten Karten mit seinen Chips besetzen konnte.

Beispiel:

In der Mitte des Kreises liegt die Konjunktion „weil". Das Kind landet mit seiner Spielfigur auf dem Ereignisbild mit dem Mädchen und dem Hund. Es bildet den Satz: „Das Mädchen wollte nicht mit dem Hund spazieren gehen, weil sie keine Lust hatte." Dafür darf es einen Chip auf die Ereigniskarte legen.

Das nächste Kind kommt auf das Bild mit dem Mädchen und dem Jungen. Es formuliert: „Maria lief wütend weg, weil Klaus sie beleidigt hatte."

Das nächste Kind bildet beim Bild mit dem Bergsteiger den Satz: „Der Bergsteiger ist gefallen, weil er sich verletzt hat." Hier muss die Ursache des Fehlers gesucht werden. Hat das Kind die Striche nicht wahrgenommen, die auf den Seilriss hinweisen, müssen weitere Übungen zum Bilderlesen vorgenommen werden (denn ohne Seilriss könnte eine Verletzung tatsächlich einen Sturz verursachen). Hat es den Seilriss jedoch registriert, ist die Wahrscheinlichkeit hoch, dass es „weil" syntaktisch falsch eingesetzt hat. Der beabsichtigte Satz war: „Der Bergsteiger hat sich verletzt, weil er gefallen ist." Hier müssen weitere Übungen mit „weil" folgen (s. unten Fehlerquellen).

Variante b):
Dieses Spiel ist für Kinder, die keine Probleme mit der semantisch/syntaktischen Funktion und Bedeutung der Bindewörter haben und nur üben müssen, sie einzusetzen. Jeder Spieler erhält die gleiche Anzahl an Chips von einer Farbe. Die Karten mit den ausgesuchten Bindewörtern (s. Anhang 7.5.2), die diesmal als Spielfeld dienen, werden kreisförmig offen auf den Tisch gelegt. In der Mitte des Kartenkreises liegt ein Ereignisbild oder auch ein Foto (Fotos von den Kindern selbst motivieren sehr). Der erste Spieler würfelt und zieht mit der Spielfigur im Uhrzeigersinn um den Kartenkreis, wobei er in der ersten Runde von jeder Bindewortkarte anfangen kann. Er liest das Bindewort auf der Karte, auf der er gelandet ist, und bildet anhand dieses Bindewortes einen Satz, der auf das Bild in der Mitte zutrifft. Wenn der Satz in seiner Bedeutung schlüssig ist, darf der Spieler seinen Farbchip auf die Karte legen. Karten dürfen mit Chips **verschiedener** Farben mehrfach besetzt werden, aber nicht mehrfach mit Chips der gleichen Farbe. Landet der Spieler also auf einer Karte, auf der bereits ein Chip in seiner Farbe liegt, muss er aussetzen. Nun würfelt der nächste Spieler und zieht im Uhrzeigersinn weiter. Gewonnen hat der Spieler, der zuerst alle Karten mit seinen Chips besetzen konnte. Es kann aber auch nach Zeit gespielt werden, so dass beispielsweise derjenige gewonnen hat, der nach fünf Minuten die meisten Karten mit seinen Chips besetzen konnte.

Beispiel:
Das Ereignisbild zeigt den Autounfall. Ein Spieler landet auf der „obwohl"-Karte. Der Spieler sagt: „Obwohl er gut aufpasste, hatte er trotzdem einen Unfall." Danach legt der Spieler einen Chip seiner Farbe auf die „obwohl"-Karte.
Der nächste Spieler kommt zufällig auch auf „obwohl" (dies ist möglich, wenn nur sechs Bindewörter im Spiel sind). Er formuliert: „Obwohl er zu schnell gefahren ist, hatte er einen Unfall." Hier wurde „obwohl" semantisch/syntaktisch falsch eingesetzt, als wäre es bedeutungsgleich mit „weil".
Der nächste Spieler landet auf der „bis"-Karte und gibt an: „Er musste lange warten, bis der Krankenwagen kam."

Variante c):
Bildergeschichten zeigen oft Situationen, die für den Einsatz von Bindewörtern geeignet sind, da die Hintergründe des Geschehens auch geschildert werden müssen. Zum Beispiel kann Papa Moll problemlos einen Baum ausreißen, weil dieser gerade eingesetzt wurde und deshalb noch keine Wurzeln besitzt. Die obigen Spiele können mit gleichbleibenden Spielregeln auch anhand von geeigneten Bildergeschichten gespielt werden. Bei Variante a) dient hier die Bildergeschichte als Spielfeld.

Beispiel:
Papa Moll lächelt verschmitzt. Er weiß doch, was sein Sohn vorhat. Er macht nichts, weil er ihm etwas zeigen will.

⚠ Fehlerquelle:

Die Kinder haben die Bedeutung von einem bestimmten Bindewort nicht vollständig erfasst, beziehungsweise sie verstehen die Bedeutung und Funktion der Bindewörter, haben aber große Schwierigkeiten, sie anzuwenden. Sie gebrauchen Sätze, die dieses Teilverständnis anzeigen, wie zum Beispiel: „Das Kind fiel hin, weil es schmutzig wurde" oder „Bis er geangelt hat, hat er einen Fisch gefangen."

> → Lösung:
> - Der Erwachsene gibt den ersten Teil des komplexen Satzes durch eine Beschreibung des Geschehens vor, so dass die Bedeutung teilweise geklärt und die Aufgabe vorstrukturiert wird. Zum Beispiel sagt der Erwachsene: „Der Papa kann ganz leicht den Baum rausreißen, w....." Das Kind sagt: „... weil der Baum keine Wurzeln hat", und besetzt die entsprechende Karte mit einem Chip seiner Farbe.
> - Der Erwachsene bietet Wörter an, welche die Bedeutung des Bindewortes zusätzlich klären, z.B.: solange, bis oder: obwohl, trotzdem.
> - Manchmal ist es hilfreich, wenn der Erwachsene die Sätze mitschreibt, damit sie noch einmal vorgelesen werden können.

7.6 Wann war das? (Zeitlichen Zusammenhang wahrnehmen)

Intention des Spiels	Material
– Logische Gestaltung des zeitlichen Zusammenhangs – Verwendung zeitbestimmender kohäsiver Mittel – Wortschatzfestigung bei zeitbestimmenden Wörtern – Erweiterung des Weltwissens	Variante a) und b) – Zeit-Karten (s. Anhang 7.6.2) – Kalenderspielbrett (s. Anhang 7.6.3) – Würfel – Spielfiguren – Chips verschiedener Farben Variante c) – Geschichtenpuzzle (s. Anhang 7.1) – Zeitadverbien (s. Anhang 7.6.4) – Chips Variante d) – Zeitbestimmungs- und Zeitsatz-Karten (s. Anhang 7.6.5)

Wirkung des Spiels auf die Erzählfähigkeit:

Wörter, die eine zeitliche Orientierung erlauben (Zeitadverbien oder eine Erklärung des Kontextes), machen die Geschichte logisch und besser verständlich. Deshalb steigern sie auch oft die Spannung. Eine Erklärung der Zeitadverbien mit einigen Beispielen findet sich in Anhang 7.6.1.

Spielanleitung:

Variante a):

Es empfiehlt sich, zuerst das Kalenderspielbrett (Anhang 7.6.3) eingehend zu besprechen, um sicherzugehen, dass das Kind dieses Weltwissen besitzt.

Zu Beginn des Spiels erhält jeder Spieler Chips in seiner Farbe. Alle Spieler setzen ihre Spielfigur auf dem Kalenderspielbrett auf den Ersten des Monats (hier: Mittwoch). Gezogen wird mit den Kalendertagen, das heißt, in jeder neuen Reihe muss mit dem Montag begonnen werden. Die Zeit-Karten werden gemischt und verdeckt auf einen Stapel in die Mitte des Tisches gelegt. Der erste Spieler würfelt, zieht die entsprechende Zahl Kalendertage weiter und nimmt eine Zeit-Karte vom Stapel. Nun ist es die Aufgabe des Spielers, seine Spielfigur zunächst auf den Wochentag zu setzen, der durch die gezogene Karte bestimmt wird; danach muss er das gezogene Wort in einem Satz anwenden. Für manche Wörter benötigt man zwei Sätze. Es fördert das Sprachgefühl, wenn der Erwachsene selbst glaubwürdige Sätze formuliert, wenn er an der Reihe ist (zum Beispiel: „Gestern haben wir uns in der Stadt gesehen"). Nachdem der Spieler seinen Satz formuliert hat, kann er einen Chip seiner Farbe auf den vom Wort bestimmten Wochentag setzen. Nun ist der Nächste an der Reihe. Am Ende des Spielfeldes darf wieder von vorne angefangen werden. Gewonnen hat derjenige, der zuerst alle Wochentage mit seinen Chips belegen konnte, wobei die einzelnen Tage nicht in der gleichen Kalenderwoche liegen müssen.

Variante b):

Steht nur wenig Zeit zur Verfügung, kann vorher die Spielzeit vereinbart werden. Dann gewinnt der Spieler, der am Ende einer vorher festgelegten Zeit die meisten verschiedenen Wochentage besetzen konnte.

Beispiel für Variante a) und b):

Die Spielfigur eines Spielers steht auf Mittwoch, dem ersten Tag des Spielbrett-Kalendermonats. Der Spieler würfelt die Zahl drei und zieht drei Tage weiter – Donnerstag, Freitag, Samstag. Dann nimmt er eine Zeit-Karte vom Stapel: Auf der Karte steht „gestern". Nun setzt der Spieler seine Spielfigur auf den Freitag zurück und bildet mit dem Wort einen Satz: „Gestern war ich beim Judo." Da das Wort richtig verwendet wurde, darf er jetzt einen Chip seiner Farbe auf den Freitag legen.

→ **Anmerkungen:**
- Die Zeit-Karten können als zweites Spielbrett gebraucht werden, falls man sie nicht ausschneiden will. In diesem Fall spielt man mit zwei Würfeln und nur einer zusätzlichen Spielfigur auf dem Zeitkartenblatt.
- Manche Zeitangaben erfordern kein Vor- oder Zurücksetzen (zum Beispiel die Angabe „am Nachmittag"): Hier wird der Chip auf den gleichen Tag gesetzt.
- Manche Angaben sind zeitlich ungenau (zum Beispiel „letzte Woche"), das heißt, hier darf der Spieler einen Tag in der letzten Woche auswählen.
- Zieht ein Spieler innerhalb der ersten Kalenderwoche die Karte „letzte Woche", springt er mit seiner Spielfigur auf die Wochentage über dem Spiel. Hier darf er einen Tag aussuchen. Wenn er wieder an die Reihe kommt, fängt er mit dem ersten Tag des Spielblattes an abzuzählen.
- Bekommt ein Spieler innerhalb der letzten Kalenderwoche die Karte „nächste Woche", springt er mit seiner Spielfigur auf die Wochentage unter dem Spiel. Hier darf er einen Tag aussuchen. Wenn er wieder an die Reihe kommt, beginnt er mit dem Zählen ab dem ersten Tag des Spielblattes.
- Beim Weiterspielen am Ende des Kalenders springt man wieder zum ersten Tag des Spielblattes.

Variante c):
Wörter, die eine zeitliche Orientierung erlauben, stärken die Kohäsion und steigern oft die Spannung. Solche Wörter können mit den Kindern in den Geschichtenpuzzles (s. Anhang 7.1) gesucht werden. Ein zusammengelegtes Geschichtenpuzzle wird auf den Tisch gelegt. Das Blatt mit den Zeitadverbien (Anhang 7.6.4, eine weitere Auswahl der geläufigeren Adverbien) wird besprochen, damit den Kindern diese Wörter gegenwärtig sind. Die Geschichte wird sehr langsam vorgelesen und die Spieler versuchen Wörter zu finden, die den Zeitablauf verdeutlichen. Auf jedes gefundene Wort wird ein Chip gelegt. Falls alle Spieler innerhalb einer Geschichte fünf solcher Wörter finden, haben alle gewonnen. Falls nicht, haben alle verloren. Von den Kindern gefundene zeitlich orientierende Wörter, die in der Liste nicht aufgeführt sind, und auch andere Wortarten, die zeitlich orientieren können, wie z.B. „fing an" oder „beendete", gelten natürlich auch.

Beispiel:
„Es fing mit Schimpfen an, aber schon bald prügelten die zwei aufeinander ein." In diesem Satz sind „schon" und „bald" zeitlich orientierende Wörter. Auch „fing an" gibt einen zeitlichen Hinweis, der zum Verständnis der Geschichte beiträgt.

Variante d):
Das folgende Zeitbestimmungsspiel vermittelt einiges an Weltwissen, was zum Verständnis einiger Zeitangaben Voraussetzung ist. Es empfiehlt sich, die Zusammenhänge zwischen den Zeitbestimmungen (Anhang 7.6.5) und den Zeitsatz-Karten vor dem Spiel zu besprechen.
Dann werden die Karten gemischt und verdeckt auf den Tisch gelegt. Der erste Spieler deckt drei Karten auf: **zwei** der kürzeren „Zeitbestimmungskarten" und eine der längeren „Zeitsatz"-Karten. Er prüft sie, um zu sehen, ob eine der Zeitbestimmungskarten zu der Zeitsatz-Karte passt. Ist dies nicht der Fall, ist der nächste Spieler an der Reihe.
Passt eine der Zeitbestimmungskarten zu der Zeitsatz-Karte, muss der Spieler kurz erklären, was der Zusammenhang ist. Dann legt er das Kartenpaar neben sich ab und die nicht-passende Zeitbestimmungskarte zurück. Er darf noch einmal drei Karten aufdecken. Passen sie, verfährt er mit ihnen wie zuvor, passen sie nicht, ist der nächste Spieler an der Reihe. Gewonnen hat der Spieler, der am Ende die meisten Kartenpaare neben sich ablegen konnte.

> → **Anmerkungen**:
> ■ Oft passen die Zeitangaben zu verschiedenen Sätzen.

Beispiel:
Der Spieler hat die Zeitbestimmungskarten „Herbst" und „April" und „Peters Vater hatte Sorgen wegen der Ernte" gezogen. Er legt die „Herbst"- und die Zeitsatzkarte neben sich ab und erklärt: „Die Ernte wird im Herbst eingefahren; der Winter kommt bald und dann kann man nicht mehr auf dem Feld arbeiten."

7.7 Sprechen und schreiben! (Mündliche/Schriftliche Sprache erkennen)

Intention des Spiels	Material
– Code-Switching, das heißt Erkennen des Unterschiedes zwischen gesprochener und geschriebener Sprache und Anwendung der passenden Alternative	Variante a) – Sprechen-und-Schreiben-Karten (s. Anhang 7.7) Variante b) – Eieruhr – Umgangssprachliche Ausdrücke Variante c) – Die Hauptfigurenkarten (s. Anhang 6.7.2) – Die Kopiervorlage der Sprechen-und-Schreiben-Karten als Spielfeld (s. Anhang 7.7)

Wirkung des Spiels auf die Erzählfähigkeit:

Wichtig ist, den Kindern den Unterschied zwischen gesprochener und geschriebener Sprache zu erklären: Geschriebene Sprache erscheint meistens förmlicher und höflicher. Sie müssen auch verstehen, dass nur der Erzähler „Schriftsprache" gebrauchen muss. Lässt er dagegen einen Menschen in der Geschichte sprechen („wörtliche Rede"), ist die Umgangssprache oft ein Gewinn. Viele der hier verwendeten „schriftsprachlichen" Ausdrücke passen zu mehreren umgangssprachlichen Ausdrücken. Da die Motivation bei diesem Spiel recht hoch ist, kann man über andere Ausdrücke sprechen, was wieder ein Gewinn für den metasprachlichen Bereich darstellt. Die Entscheidung, welcher schriftsprachliche Ausdruck am besten ist, kann dabei immer großzügig getroffen werden.

Da die schriftsprachliche Form der einzelnen Wörter zuerst erlernt werden muss, empfiehlt es sich, zunächst ein Memory-Spiel mit den entsprechenden Ausdrücken und ihren umgangssprachlichen Übersetzungen zu spielen.

Spielanleitung:

Variante a) Memory:

Die gewünschte Anzahl an Karten wird gemischt und verdeckt auf den Tisch gelegt. Der erste Spieler deckt zwei Karten auf (eine Umgangssprache, eine Schriftsprache – erkennbar an der Größe) und legt sie offen auf den Tisch. Passen die Karten zueinander, liest er sie laut vor, legt das Paar zur Seite und deckt zwei weitere Karten auf. Passen die Karten nicht zueinander, werden sie wieder umgedreht und der nächste Spieler ist an der Reihe.

Manche umgangssprachliche Ausdrücke passen zu mehr als einem schriftsprachlichen Ausdruck und umgekehrt.

> **Beispiel**:
> *Der Spieler deckt zwei Karten auf (eine Umgangssprache, eine Schriftsprache – erkennbar an der Größe): „Kram" und „Sachen". Diese liest er vor, stellt fest, dass sie zueinander passen, legt sie neben sich ab und zieht zwei weitere Karten: „Quatsch" und „Es war vorbei". Diese passen sinngemäß nicht, also legt er sie wieder verdeckt hin und der nächste Spieler ist an der Reihe.*

Variante b) Übersetzungs-Spiel:

Dieses Spiel sollte erst gespielt werden, nachdem Variante a) mehrfach wiederholt wurde, so dass dem Kind die schriftsprachlichen Ausdrücke gegenwärtig sind. Für dieses Spiel werden nur die Karten mit den umgangssprachlichen Ausdrücken benötigt. Es können entweder die einzelnen Karten verwendet werden, die gemischt und offen auf den Tisch gelegt werden, oder es kann das Blatt verwendet werden, auf dem die umgangssprachlichen Ausdrücke gemeinsam mit den schriftsprachlichen abgedruckt sind. In diesem Fall müssen aber die schriftsprachlichen Ausdrücke abgedeckt oder nach hinten gefaltet werden. Eine Spielfigur zieht an der linken Seite des Blattes entsprechend einer gewürfelten Zahl nach unten. Der erste Spieler zieht (bzw. setzt die Spielfigur auf) einen umgangssprachlichen Ausdruck, liest ihn vor und dreht die Eieruhr um. Die anderen Spieler überlegen, wie sie den umgangssprachlichen Ausdruck in die Schriftsprache übersetzen würden. Finden sie einen annehmbaren schriftsprachlichen Ausdruck, bevor die Zeit abgelaufen ist, ist die Runde für alle gewonnen und der nächste Spieler ist an der Reihe. Wird der schriftsprachliche Ausdruck nicht gefunden, ist die Runde für alle verloren.

Der gefundene Ausdruck kann mit dem angegebenen schriftsprachlichen Ausdruck verglichen werden. Umgangssprachliche Ausdrücke, die bereits in die Schriftsprache übersetzt wurden, werden mit einem Chip markiert bzw. aus dem Spiel genommen. Manchmal findet das Kind einen anderen, seiner Meinung nach passenderen schriftsprachlichen Ausdruck als den, der hier aufgeführt wurde.

> **Beispiel**:
> *Der Spieler, der an der Reihe ist, zieht den umgangssprachlichen Ausdruck „Hau ab!". Den anderen Spielern gelingt es, den schriftlichen Ausdruck „Lass mich in Ruhe!" zu finden, so dass die Runde gewonnen ist.*
> *Der nächste Spieler bekommt den Ausdruck „Kram". Der erste Vorschlag ist: „Zeug". Hier müsste der Spielleiter Einspruch erheben, denn „Zeug" entspricht nicht der Schriftsprache. Wird kein anderer Ausdruck gefunden, bevor die verbleibende Zeit abgelaufen ist, so ist die Runde verloren.*

Variante c) Wer spricht?:

Dieses Spiel soll die wörtliche Rede üben sowie auch die Feinunterscheidung des Sprachgebrauchs. Es soll deutlich machen, dass die Figur in der Geschichte – sei es ein Kind, ein Erwachsener oder auch ein Tier – getreu seinem Wesen sprechen muss.

Die Hauptfigurenkarten (Anhang 6.7.2) werden gemischt und verdeckt auf den Tisch gelegt. Das Blatt mit den Sprechen-und-Schreiben-Karten (s. Anhang 7.7) wird als Spielfeld gebraucht, wobei man auf dem Trennstrich zwischen den Spalten einfach senkrecht nach unten bzw. dann wieder nach oben zieht.

Der Spieler, der zuerst an der Reihe ist, zieht eine Hauptfigurenkarte, würfelt und zieht auf dem Blatt mit den Sprechen-und-Schreiben-Karten die gewürfelte Zahl auf dem Trennstrich nach unten. Er muss sich nun entscheiden, welche der beiden sich entsprechenden Redewendungen seine Hauptfigur eher gebrauchen würde. Dann muss er damit einen Satz mit wörtlicher Rede formulieren. Gelingt ihm dies, wird die gerade erwürfelte Zahl für ihn aufgeschrieben. Gewonnen hat der Spieler, der am Ende des Spiels die meisten Punkte sammeln konnte.

Ist die Wahl unwahrscheinlich, muss der Erwachsene Einspruch erheben.

Beispiel:

Der Spieler, der zuerst an der Reihe ist, hat als Hauptfigur das Schwein gezogen. Er würfelt eine zwei und landet zwischen: „Quatsch" und der entsprechenden schriftsprachlichen Redewendung „Unsinn". Nach seiner Meinung würde das Schwein nie „Unsinn" sagen, also formuliert er: „Das Schwein sagt: ‚Was für einen Quatsch'!" Die anderen Spieler sind einverstanden und zwei Punkte werden für den ersten Spieler notiert.

Der zweite Spieler zieht die Hauptfigur des schreibenden Mannes und würfelt eine drei. Er zieht drei Felder weiter zu „Kohle/Geld" und formuliert: „Der Sekretär sagt: ‚Ich verdiene hier nicht genug Kohle'." Der Erwachsene als Spielleiter ist der Meinung, dass der Mann zumindest am Arbeitsplatz nicht so sprechen würde: Der Satz gilt nicht und der nächste Spieler ist an der Reihe.

Fehlerquellen:

Die umgangssprachlichen Redewendungen bzw. Wörter werden in der Region nicht angewendet und sind deshalb unbekannt.

> → Lösung:
> - Die entsprechenden bekannten Redewendungen bzw. Wörter einsetzen.

Das Kind versteht nicht, dass es hier um eine Äußerung der Hauptfigur geht und nicht um eine Äußerung des Erzählers.

> → Lösung:
> - Es muss betont werden, dass die Hauptfigur selbst diesen Ausdruck verwendet.
> - Der Spielleiter gibt den ersten Teil des Satzes vor: „Das Schwein sagt: …"

7.8 Was du nicht sagst! (Wortfeld „sagen")

Intention des Spiels	Material
– Verwendung von Synonymen für „sagen" bei der wörtlichen Rede – Sprachgebrauch	– Aussagen (s. Anhang 7.8.2) – Sagen-Karten (s. Anhang 7.8.1)

Wirkung des Spiels auf die Erzählfähigkeit:
Wörtliche Rede ist eine Bereicherung für die Geschichte und steigert die Spannung. Der unveränderte Gebrauch des Verbs „sagen" erweist sich allerdings als störende Wiederholung (s. 7.2, „Nicht schon wieder!").

Die angegebenen Verben sind oft nicht im aktiven Wortschatz der Kinder, deshalb sollten sie vorher durchgesprochen und möglichst anhand von Beispielen erklärt werden. Völlig unbekannte Synonyme können bei den ersten Runden weggelassen werden.

Spielanleitung:
Die Sagen-Karten (s. Anhang 7.8.1) und die Aussagen (s. Anhang 7.8.2) werden gemischt und verdeckt auf den Tisch gelegt. Die Spieler müssen darauf hingewiesen werden, dass der Unterschied zwischen den Sagen-Karten (Verben) und den Aussagen an der Kartengröße ersichtlich ist. Der erste Spieler deckt zwei Karten auf und liest sie vor. Passen sie inhaltlich nicht zueinander, ist der nächste Spieler an der Reihe.

Passen die Karten zueinander, muss der Spieler mitteilen, wie er das angegebene Verb mit der Aussage im Text sprachlich verbinden würde. Dann legt er das passende Kartenpaar neben sich und deckt noch einmal zwei Karten auf. Passen sie, verfährt er mit ihnen wie mit dem Kartenpaar zuvor. Passen sie nicht, ist der nächste Spieler an der Reihe.

Nach und nach entdecken die Kinder, dass sehr viele Verben passen können, wenn der Text nur richtig formuliert wird bzw. noch ein erklärender Satz dazu erfunden wird. Oft werden die Verben zusätzlich mit Körpersprache, Mimik und Gestik verdeutlicht.

Beispiel:
Der Spieler deckt die Karten „rufen" und „Der Sonnenuntergang ist richtig farbenfroh heute." auf. Viele Kinder sind wahrscheinlich der Meinung, dass diese Karten nicht passen, also wäre der nächste Spieler an der Reihe. Geübte Kinder könnten aber auch formulieren: „Die Frau rief glücklich: ‚Der Sonnenuntergang ist richtig farbenfroh heute!'".

Der nächste Spieler deckt „brüllen" und „Kompanie, im Gleichschritt: Marsch!" auf. Er formuliert: „Der Offizier brüllte: ‚Kompanie, im Gleichschritt: Marsch!'", legt die Karten neben sich ab und zieht ein weiteres Kartenpaar.

🔔 **Fehlerquelle**:

Auch nach der Besprechung am Anfang des Spiels werden viele Kinder die Verben nicht vollkommen verstehen.

> → Lösung:
> - Durch die Wiederholung des Spiels gibt es meist eine Weiterentwicklung, die noch gefördert wird, wenn man die Bedeutung durch den zusätzlichen Einsatz von Stimme, Mimik und Gestik sowie inhaltliche Angaben weiter klärt.

7.9 Die Zeit läuft davon! (Wahrnehmung der Zeitstufe)

Intention des Spiels	Material
– Gebrauch einer durchgehenden Zeitstufe der Verben	Variante a und b) – Zeitgeschichten (Anhang 7.9.1) Variante c) – Verben-Uno – Karten (Anhang 7.9.2)

Wirkung des Spiels auf die Erzählfähigkeit:

Das Ziel dieser Spiele ist die Schulung der Wahrnehmung und des Sprachgefühls. Es wird erklärt, dass Verben nicht nur eine Aktion mitteilen, sondern auch – durch ihre äußerliche/grammatikalische Form – wann, wie oft oder wie lange diese Aktion stattgefunden hat. Die Form der verschiedenen Zeitstufen wird noch einmal angeschaut und die Unterschiede werden besprochen. Dem Kind wird erklärt, dass Zeitstufen den Zuhörer oder Leser verwirren können, wenn sie nicht richtig angewendet werden. Eine gleichbleibende Zeitstufe macht die Verben zu verbindenden Teilen der Geschichte, wie anfangs bei den Geschichtenpuzzles erklärt wurde. Deshalb ist es notwendig, sehr genau auf sie zu achten.

→ **Anmerkungen**:
- Dem Kind muss erklärt werden, dass in der wörtlichen Rede die Verben oft in einer anderen Zeitstufe sind, weil hier nicht der Erzähler beim Erzählen spricht, sondern die Figuren während des Geschehens.

Spielanleitung:

Variante a):

Im Anhang 7.9.1 sind kurze Geschichten aufgeführt, die wechselnde Zeitstufen aufweisen. Die Anzahl der Wechsel aus der ersten Vergangenheitsform der Verben (Imperfekt) ist am Ende jeder Geschichte abgedruckt; diese Zahl wird vor dem Spiel abgedeckt. Der Erwachsene liest gemeinsam mit dem Kind die Geschichten durch. Jeder, der dabei einen Wechsel bemerkt, legt einen Chip auf die Stelle. Stimmt die abgedeckte Zahl mit der Anzahl der gefundenen Wechsel überein, haben alle Spieler gewonnen. Ist die abgedeckte Zahl höher als die Zahl der gefundenen Wechsel, haben alle verloren.

Variante b):

Als Weiterentwicklung können die gefundenen Fehler mündlich oder schriftlich ausgebessert werden.

Variante c) Verben-Uno:

Die Karten des Verben-Uno-Spiels werden erklärt: Die Zeitstufen der Gegenwart (Präsens), der ersten (Imperfekt) und der zweiten (Perfekt) Vergangenheit für jedes Verb sind hier vorhanden, wobei die Endungen variieren. Jeder Spieler bekommt fünf Karten. Die restlichen Karten werden verdeckt auf einen Stapel in die Mitte des Tisches gelegt. Eine Karte wird umgedreht: Diese Karte gibt die Zeitstufe bzw. das Verb (Tunwort) an, mit der oder mit dem angefangen wird. Nun darf der erste Spieler eine Karte darauf legen, die entweder zu der Zeitstufe oder zu der Grundform des Verbs passt. Es muss in jedem Fall auch eine Erklärung abgegeben werden, warum sie passt: Es wird also jedes Mal entweder die Zeitstufe oder die Grundform des Verbs angegeben. Hat der Spieler keine passende Karte, muss er eine von dem Stapel in der Mitte ziehen.

Wird die Erklärung ständig „vergessen", kann man als Zusatzregel festlegen, dass der vergessliche Spieler eine zusätzliche Karte ziehen muss.

Es gewinnt der Spieler, der als Erster alle Karten ablegen kann, oder auch der Spieler, der nach einer vorher festgelegten Zeit die wenigsten Karten noch in der Hand hält.

Beispiel:

In der Mitte des Tisches liegt die Verben-Uno-Karte: „habe verstanden". Der erste Spieler legt die Karte „bin gegangen" darauf und gibt an: „Sie sind beide in der zweiten Vergangenheit." Der nächste Spieler legt die Karte „geht" auf die jetzt oben liegende Karte „bin gegangen" und erklärt: „Sie sind beide vom Verb/Tunwort ‚gehen'".

7.10 Puzzlebau (Geschichten ausbessern)

Intention des Spiels	Material
– Schulung der Wahrnehmung für Einzelheiten – Schulung der Wahrnehmung der verbindenden (kohäsiven) Mittel und deren Funktion – Erkennen der Reihenfolge der Geschichtenteile – Verbesserung des Lesesinnverständnisses – Ausbessern fremder und eigener Geschichten	Variante a) – Satzstreifen als Geschichtenpuzzle (s. Anhang 7.1) – Geschichtenstreifen für den Puzzlebau (s. Anhang 7.10.2) Variante b) – Eigene Geschichten des Kindes

Wirkung des Spiels auf die Erzählfähigkeit:

Bei den Geschichtenpuzzles (s. Anhang 7.1) erfuhren die Kinder, dass Geschichten wie Puzzles zusammengefügt sind. Die Verbindungen in der Geschichte sind bestimmte Wörter, die als Verzahnungen funktionieren, sowie auch das Gesamtbild, das durch die Struktur der Geschichte und die Erklärungen der Hintergründe sichtbar und verständlich wird. Haben die Kinder einige der obigen Kohäsions-Geschichten gespielt, werden sie Erfahrungen mit den verschiedenen Kohäsionsmitteln gemacht haben.

Das Hauptziel dieses Spiels ist eine Übung im Ausbessern, zuerst von fremden Geschichten, dann von den eigenen. Das Kind erfährt wieder, dass der Leser nicht mitdenken kann, wenn die verbindenden Teile fehlen. Nur der Geschichtenerzähler hat die notwendigen Informationen (s. auch 6.3 „Das Bühnenspiel").

Spielanleitung:

Variante a):

Die Satzstreifen einer kurzen Geschichte aus Anhang 7.1 werden offen und ungeordnet auf den Tisch gelegt, dann von einem Spieler zusammengefügt und mit der Vorlage verglichen. Für ein Kind, das bereits die Geschichtenspiele kennt, müsste dies relativ einfach sein.

Danach werden die Satzstreifen einer Geschichte aus Anhang 7.10.2 offen und ungeordnet auf den Tisch gelegt, vom gleichen Spieler zusammengefügt und mit der Vorlage verglichen. Das Zusammenlegen dieser Geschichten wird nicht so problemlos ablaufen, weil sie weitgehend ohne Kohäsionsmittel verfasst wurden. Nachdem das Zusammenlegen gelungen ist, wird die zusammengefügte Geschichte mit der Vorlage verglichen. Oft stimmt sie nicht überein; wenn zufällig doch, ist es trotzdem einsichtig, dass die zweite Geschichte nicht so leicht zu bearbeiten war wie die erste.

Um die zweite Geschichte auszubessern, also ein funktionierendes Puzzle zu bauen, müssen die vorgegebenen Sätze miteinander verbunden werden. Hierzu kann jeweils ein neuer Satz formuliert werden, der verbindende Teile enthält. Das können entweder verzahnende Wörter sein oder Erklärungen der Hintergründe, die das Gesamtbild besser erkennbar machen.

Der Erwachsene formuliert den ersten Satz, der die zwei angegebenen Sätze verbindet. Der andere Spieler kann zur Unterstützung Fragen vom Anhang 7.10.1 vorschlagen: Diese Fragen sollen an den Gebrauch der Kohäsionsmittel erinnern. Wenn der verbindende Satz formuliert ist, erklärt der Erwachsene, wie der Satz eine Verbindung zwischen den beiden angegebenen Sätzen zustande bringt.

Anfangs sind die Fragen, die das Gesamtbild vervollständigen, für die Kinder meist einfacher zu bearbeiten. Später können auch die Fragen gestellt werden, die an die „verzahnenden" Wörter wie Fürwörter (Pronomen), Umstands- oder Hinweiswörter (Adverbien) oder Substitutionen erinnern sollen. Falls erwünscht darf das Kind auch die vorgegebenen Sätze des Puzzles ändern und „ausbessern".

Wenn alle Sätze der Geschichte einen Zwischensatz bekommen haben, wird die Geschichte noch einmal zusammengesetzt. Selbstverständlich gelingt dies nach dem Ausbessern leichter, denn dem Kind ist die Geschichte nun auch bekannt.

Viel motivierender ist es, wenn die neue Geschichte von einem bisher Unbeteiligten zusammengefügt werden kann, der die Geschichte nicht kennt, z.B. von den Eltern, einem Geschwisterkind, oder in der Klasse von der anderen Hälfte der Schulkameraden, die eine eigene Geschichte erarbeitet haben.

Fügen diese die Geschichte richtig zusammen, ist es offensichtlich ein gutes und vollständiges „Puzzle" geworden, mit keinen fehlenden Teilen.

Fehlerquelle:

Es kann vorkommen, dass derjenige, dem die ausgebesserte Geschichte bisher unbekannt war, sie nicht genauso zusammenfügt, wie es von den Spielern beabsichtigt wurde.

> → Lösung:
> - Es muss entschieden werden, ob der Unbeteiligte
>   1) nicht genug Hinweise bekommen hat (verbindende Merkmale ungenügend)
>   2) nicht aufmerksam genug war (verbindende Merkmale vorhanden)
>   3) die Geschichte so zusammengelegt hat, dass sie genauso sinnvoll ist (verbindende Merkmale vorhanden, können aber anders ausgelegt werden)
>
> Das Gespräch über diese drei Möglichkeiten muss natürlich anhand der verbindenden Merkmale geführt werden. Im ersten Fall gilt das Geschichtenpuzzle als nicht vollständig, in den anderen beiden gilt es noch als vollständig.

Beispiel:

Der erste Spieler will die beiden ersten Sätze der ersten Geschichte durch einen Satz verbinden. Der Erwachsene hilft nach mit der Frage „Warum?", die das lückenhafte Gesamtbild der Geschichte ergänzt. Der Spieler schafft nur eine Verbindung zwischen den ersten beiden Sätzen, indem er sie mit „weil" verbindet: „Maria stand mitten auf dem Wochenmarkt, weil Oma weg war." Er gibt an, dass der Leser jetzt weiß, warum Maria nicht weiter geht.

Diese Lösung gilt nicht. Es ist zwar neue Information dazugekommen, aber nicht genug: Der Leser weiß noch nicht, warum Maria nicht weiter geht. Ist Oma blind oder taub, dass sie sich nicht alleine zurechtfinden kann? Es muss ein neuer Satz zwischen den ersten beiden gebildet werden. Das Kind formuliert nun: „Maria stand mitten auf dem Wochenmarkt. Sie wusste nicht, was tun, weil ihre alte Oma weg war."

Diese Lösung kann gelten. Der zweite Satz ist zwar mit dem dritten verbunden, aber es ist ein wenig mehr Hintergrundinformation über die Hauptfigur und ihre Beweggründe dazugekommen.

Variante b):

Das Kind formuliert zu einem Bild eine kurze Geschichte von bis zu sechs Sätzen. Diese wird auseinandergeschnitten. Wenn sie von Unbeteiligten richtig zusammengefügt werden kann, sind Kohärenz und Kohäsion wahrscheinlich ausreichend (wenn auch nicht unbedingt gut). Wenn nicht, muss das Kind die Stelle, an der die Reihenfolge der Geschichte unklar wird, durch ergänzende Sätze oder Satzteile – wie oben vorgeführt – ausbessern. Anfangs können hier Bildergeschichten verwendet werden; später sollten die Vorlagen allerdings einzelne Bilder sein, damit das Kind selbst die Struktur der Geschichte einhalten muss.

8 Literaturliste

Baumgartl, S., Vogel, H. (2008). MiniLÜK: Leseübungen 3. Braunschweig: Westermann Lernspielverlag GmbH.

Claussen, C., Merkelbach, V. (2001). Erzählwerkstatt – Mündliches Erzählen. Braunschweig: Westermann Verlag.

Claussen, C. (2005). Es wird Zeit ... erzählt den Kindern wieder Geschichten! In: Frühes Deutsch, Fachzeitschrift für Deutsch als Fremdsprache und Zweitsprache im Primarbereich des Goethe-Instituts München, Heft 4/ 2005 „Märchen einmal anders", 32ff.

Dreyer, H., Schmitt, R. (2000). Lehr und Übungsbuch der deutschen Grammatik. Die neue Gelbe. Ismaningen: Hueber.

Esterreicher, Carol A. (1995). Scamper Strategies: Fundamental Activities for Narrative Development. Eau Claire, WI: Thinking Publications.

Gilmore, S., Klecan-Aker, J., Owen, W. (1999). The Relationship of Storytelling Ability to Reading Comprehension in Children with Learning Disability. In: Journal of Speech-Language Pathology and Audiology, Vol. 2 (3), 142-149.

Hutson-Nechkash, Pl. (1990). Storybuilding: A Guide to Structuring Oral Narratives. Eau Clair, WI: Thinking Publications.

Hunt, K. (1970). A syntactic maturity in school children and adults. In: Monographs of the Society of Research in Child Development, 35 (Serial No. 134), zit. nach Klecan-Aker (1993).

Klecan-Aker, J. (1993). A treatment programme for improving storytelling ability: A case study. Child Language Teaching and Therapy, Vol. 92, 105-115.

Larson, V.S., McKinley, N.L. (1995). Language Disorders in Older Students: Preadolescents and Adolescents. Eau Claire, WI: Thinking Publications, zit. nach Esterreicher (1995).

Linke, A., Nussbaumer, M., Portmann, P.R. (1994). Studienbuch Linguistik, 2. Aufl. Tübingen: Niemeyer, 215ff.

McFadden, T. (1991). Narrative and Expository Language: A Criterion-based Assessment Procedure for School-age Children. In: Journal of Speech-Language Pathology and Audiology, Vol. 15 (4), 57-64.

Moser, E. (1998, 1999). Das erste (zweite) große Buch der kleinen Mäuseabenteuer. Weinheim & Basel: Beltz Vlg.

Plauen, E.O., Ohser, E. (1996). Vater und Sohn 1. Ravensburg: Ravensburger Buchverlag.

Press, H.-J. (2005). Der kleine Herr Jakob, Bildergeschichten. Papenburg: Westermann Lernspielverlag.

Reber, K. (2003). PaLaBra Computerprogramm für die Diagnostik und Therapie von Sprach- und Schriftsprachstörungen http://www.palabra-info.de (9.9.2005).

Reber, K. (2003). Schriftsprache als Weg und Ziel sprachtherapeutischer Intervention: Metalinguistische Sprachtherapie mit dem Computerprogramm paLaBra. In: Die Sprachheilarbeit, 48 (6), 240-249.

Schelten-Cornish, S. (1995). Kochbuch: Wortschatz und Semantik. Germering: Verlag Wildegger.

Schelten-Cornish, S. (2001). Die Grammatik der Geschichte. In: Die Sprachheilarbeit, 3,113-123.

Schelten-Cornish, S. (2002). Das Perfekte Spiel. Köln: ProLog Verlag.

Schelten-Cornish, S. (2006). Das Mehrzahl-Begleiter Spiel. Germering: Verlag Wildegger.

Schneider, P., Hayward, D., Vis Dubé, R. (2006). Storytelling from Pictures using the Edmonton Narrative Norms Instrument. Journal of Speech-Language Pathology and Audiology, 30 (4), 224 -239.

Stein, N., Glenn, C. (1979). An Analysis of Story Comprehension in Elementary School Children. In: R. Freedle (Ed.) New directions in Discourse Processing, Vol. 2, 53-120, Norwood, N.J.: Ablex, zit. nach Esterreicher (1995).

Wasserfall, K. (2004). Erzählen lernen. Ein Workshop zur Entwicklung der Sprachkompetenz. Mülheim a.d.Ruhr: Verlag An der Ruhr.

Wildegger-Lack, E. (2003). Littera. Germering: Verlag Wildegger.

9 Anhang

A1	**Hinweise zu den Spielen und Materialien**	**93**
A2	**Informelles Screening der Erzählfertigkeiten: Diagnosebogen**	**94**
A2.1	Beispiel eines ausgefüllten Diagnosebogens dargestellt anhand einer schriftlichen Geschichte	97
A2.2	Spielvorschläge (s. auch Anhang A5)	101
A2.3	Überprüfung des Verstehens einer Geschichte: „Das dumme Mäuslein"	103
A3	**Beispiele für die Kategorisierung und Feststellung der Erzählstufe bei mündlichen Geschichten**	**105**
A4	**Beispiele für die Kategorisierung und Feststellung der Erzählstufe bei schriftlichen Geschichten**	**107**
A5	**Alle Geschichtenspiele im Überblick**	**111**
A6	**Kohärenzspiele**	**112**
A6.1	Die Geschichtenmaus (Geschichtenstruktur)	112
A6.1.1	Geschichtenmaus – Vorlage	112
A6.1.2	Geschichtenmaus – Spiel	113
A6.2	Welcher Kopf? (Funktion und Bedeutung der Einleitung)	115
A6.2.1	Geschichtenmauskopf	115
A6.2.2	Welcher Kopf? – Kurzgeschichten	116
A6.3	Das Bühnenspiel (Funktion und Formulierung der Einleitung)	118
A6.4	Einleitungs-Bingo (Formulieren der Einleitung)	119
A6.4.1	Einleitungs-Bingo – Spielbrett	119
A6.4.2	Einleitungs-Bingo – Wer-wo-was-Karten	120
A6.5	Was ist los? (Thema finden; Überschrift formulieren)	121
A6.5.1	Was ist los? – Ereignisbilder	121
A6.5.2	Was ist los? – Ereignissätze	122
A6.6	Was jetzt? Gefühle! (Interne Reaktion)	123
A6.6.1	Was jetzt? Gefühle! – Gefühlsgesichter	123
A6.6.2	Was jetzt? Gefühle! – Gefühlskarten	124
A6.7	Was jetzt? Planspiel (Logische Pläne erkennen und formulieren)	125
A6.7.1	Was jetzt? Planspiel – Plankarten	125
A6.7.2	Was jetzt? Planspiel – Hauptfigurenkarten	126

A6.8		Was jetzt? Was tun? (Lösungsversuch formulieren)	127
	A6.8.1	Was jetzt? Was tun? – Lösungskarten	127
	A6.8.2	Was jetzt? Was tun? – Lösungsbilder	128
A6.9		Was jetzt? Wird's was? (Ergebnisse formulieren) – Blankokarten	129
A6.10		Schluss-Rate-Spiel (Funktion der Schlusssätze erkennen)	130
	A6.10.1	Schluss-Rate-Spiel – sortierte Sätze	130
	A6.10.2	Schluss-Rate-Spiel – unsortierte Sätze	132
	A6.10.3	Schluss-Rate-Spiel – Kategorienkarten	134

A7 Kohäsions- und Sprachspiele 135

A7.1		Geschichtenpuzzle (Kohäsionsmittel wahrnehmen)	135
A7.2		Nicht schon wieder! (Wiederholungen erkennen)	148
A7.3		Wechselgeschichten (Perspektivenwechsel wahrnehmen)	150
A7.4		Pronomen-Memory (Beziehung Pronomen/Referenten erkennen)	152
	A7.4.1	Pronomen-Memory – Pronomenbilder	152
	A7.4.2	Pronomen-Memory – Pronomenkarten A, B, C	154
A7.5		Bindewortspiel (Klärung der Bedeutung durch wiederholten Gebrauch)	157
	A7.5.1	Bindewortspiel – Erklärung, Beispiele	157
	A7.5.2	Bindewortspiel – Übungsblätter	158
	A7.5.3	Bindewortspiel – Karten mit Bindewörtern – exemplarische Auswahl	162
A7.6		Wann war das? (Zeitlichen Zusammenhang wahrnehmen)	163
	A7.6.1	Wann war das? – Zeitadverbien oder Umstandswörter der Zeit: Erklärung, Beispiele	163
	A7.6.2	Wann war das? – Zeit-Karten zum Kalenderspielbrett	164
	A7.6.3	Wann war das? – Kalenderspielbrett	165
	A7.6.4	Wann war das? – Zeitadverbien	166
	A7.6.5	Wann war das? – Zeitbestimmung	167
A7.7		Sprechen und schreiben! (Mündliche/Schriftliche Sprache erkennen)	168
	A7.7.1	Sprechen-und-Schreiben-Karten	168
A7.8		Was du nicht sagst! (Wortfeld „sagen")	170
	A7.8.1	Was du nicht sagst! – Sagen-Karten	170
	A7.8.2	Was du nicht sagst! – Aussagen	172
A7.9		Die Zeit läuft davon! (Wahrnehmung der Zeitstufe)	174
	A7.9.1	Die Zeit läuft davon! – Geschichten	174
	A7.9.2	Die Zeit läuft davon! – Verben-Uno – Karten	177
A.7.10		Puzzlebau (Geschichten ausbessern)	180
	A7.10.1	Puzzlebau – Fragen	180
	A7.10.2	Puzzlebau – Geschichtenstreifen	181

A1 Hinweise zu den Spielen und Materialien

Der **Diagnosebogen** ist so strukturiert, dass aufgefundene Schwächen therapieimmanente Entscheidungen bedingen. Die **Spiele**, die im Folgenden erklärt werden, zielen direkt auf die Erarbeitung der fehlenden Geschichtenteile und Erzählfähigkeiten ab, die durch das Ausfüllen des Bogens ermittelt werden. Um den Spielcharakter zu erhalten, werden alle Fertigkeiten mündlich geübt. Damit das Gelernte auch **schriftlich eingeübt** wird, ist es allerdings notwendig, nach den Spielen kurze schriftliche Hausaufgaben folgen zu lassen. Diese können auch anhand von Aufsätzen gemacht werden, die in der Schule geschrieben wurden: Die Hausaufgabe ist dann eine schriftliche Weiterentwicklung des Spiels anhand der Geschichte, die vom Kind selbst geschrieben wurde.

Für die Spiele sind einfach gehaltene **Kopiervorlagen** beigefügt, die gleich auf Karton kopiert werden können, damit die sich ergebenden Karten nicht durchsichtig sind. In vielen Fällen ist es möglich, die Vorlagen als Spielfelder zu gebrauchen, damit man keine Karten herstellen muss; bei manchen Spielen sind entsprechende Spielregeln gleich angegeben. Der Nachteil ist, dass es dann schwieriger ist, die Leistungsstufe zu verringern.

Die **Leistungsstufe** der Spiele passt nicht immer zu der Leistungsstufe der Kinder. Viele Spiele können durch eine Auswahl der Materialien und genügend Flexibilität in der Anwendung der Spielregeln angepasst werden. Zu vielen Spielen sind Varianten mit verschiedenen Leistungsstufen angeführt. Besonders bei Wortschatzschwächen ist es wichtig, zu Beginn die unbekannten Wörter auszusortieren, damit nicht zu viele verschiedene Lernleistungen auf einmal gefordert werden. Allerdings gilt hier wie immer bezüglich Sprache: Wiederholung ist die Mutter allen Lernens. Auch wenn ein Kind anfangs viele Fehler macht, bewirkt ein wiederholtes Spielen in den meisten Fällen einen Lernerfolg. Bei der Erarbeitung der Geschichtenstruktur, also der Kohärenz, sollte die **Reihenfolge der Entwicklung der Erzählstufen** eingehalten werden (s. 3.3).

Alle Spiele enthalten Formulierungsvorschläge, um die Erarbeitung der Kohärenz- bzw. Kohäsionsmittel auch metasprachlich, also reflektierend, zu gestalten (s. jeweils **Wirkung des Spiels auf die Erzählfähigkeit**).

Das „**Bilderlesen**" und das Erzählen sollten nicht gleichzeitig eingeübt werden. Die Fähigkeit, Einzelheiten in den Bildern zu erkennen und zu deuten, sollte zuerst trainiert werden. Hierzu werden die Bilder des jeweiligen Spiels mit den Kindern eingehend besprochen, beispielsweise die Bedeutung der Striche, die Bewegung anzeigen oder den Blick auf Wichtiges lenken sollen (zum Beispiel die Reißstelle des Seils im Ereignisbild des Bergsteigers), oder die Bedeutung der Körpersprache (zum Beispiel im Ereignisbild des Mädchens, das sich mit erhobener Nase von dem Jungen abwendet). Gerade Gesichtsausdrücke und Körpersprache wie auch ihr Zusammenhang mit dem Geschehen müssen eingehend erklärt und besprochen werden. Aber auch Weltwissen spielt hier eine Rolle, zum Beispiel die Einschätzung, dass ein Mann, der durchs Fenster steigt, wahrscheinlich ein Einbrecher ist.

Bildergeschichten, die zur Übung herangezogen werden, müssen im Hinblick auf die Lebenserfahrung des Kindes sorgfältig ausgewählt werden. Einzelheiten, die eine wichtige Rolle in der Geschichte spielen, müssen dem Kind oft erklärt werden. Beispiel: Ein Ring an einer Kaimauer zeigt, dass dort Schiffe anlegen können; folglich spielt die Geschichte am Hafen.

A2 Informelles Screening der Erzählfertigkeiten: Diagnosebogen

Name:_____ Datum: _____

Zutreffendes umkreisen J = Ja N = Nein geb.: _____ Alter:_____

Erzählstufe Mündlich Stufe 1 2 3 4 5 6 +		Erzählstufe Schriftlich Stufe 1 2 3 4 5 6 +		
Geschichtenverständnis (Anzahl Punkte) _____				
I. Kohärenz: „Grammatik der Geschichte"				
Kulisse (1): entspricht bei Geschichtenmaus „Einleitung"				
Erkennbar vorhanden			J	N
Informationen ausreichend zur Orientierung			J	N
Enthält Information zu: wer, was, wo, warum, wie, wann				
Verursachendes Geschehen (2): entspricht bei Geschichtenmaus „Hauptteil"				
Erkennbar vorhanden			J	N
Geschehen verständlich dargestellt			J	N
Interne Reaktion (5): kann in jedem Teil vorkommen				
Erkennbar vorhanden			J	N
Angabe logisch und nachvollziehbar			J	N
Plan (3): entspricht bei Geschichtenmaus „Hauptteil"				
Erkennbar vorhanden			J	N
Weiterentwicklung logisch			J	N
Aktion, Lösungsversuch (4): entspricht bei Geschichtenmaus „Hauptteil"				
Erkennbar vorhanden			J	N
Weiterentwicklung logisch			J	N
Ergebnis (6): entspricht bei Geschichtenmaus: „Hauptteil"				
Erkennbar vorhanden			J	N
Weiterentwicklung logisch			J	N
Schluss (7): entspricht bei Geschichtenmaus: „Schluss"				
Erkennbar vorhanden			J	N
Rundet Geschichte logisch ab			J	N
Abschlusstyp: Zusammenfassung, Hinweis an Zukunft/Vergangenheit; Hauptfigur hat gelernt; Gedanken, Gefühle der Hauptfigur; Moral (Alle sollen lernen)				

II. Kohäsion, erkennbarer sprachlicher Zusammenhang		
Verhältnis „**Bindewörter**"/Sätze ausreichend G.1____ G.2 ____ G.3 ___ G.4 ____ G.5 ____ G.6 ____ G.7 ____ G.8 ____ Verwendete Bindewörter_____	J	N
Bindewörter semantisch korrekt Beispiel der Fehler:	J	N
Zeitlicher Zusammenhang durch Adverbien, Kontext	J	N
Durchgehend gleiche **Zeitstufe (Konjugation)**	J	N
Wiederholungen erhöhen Kohäsion Falls störend, Wortart:	J	N
Pronomen: Referent erkennbar, semantisch korrekt Beispiel der Fehler:	J	N
Wörtliche Rede (WR) vorhanden, angemessen Teil: Kulisse (1) Verursachendes Geschehen (2) Plan (3) Lösungsversuch (4) Interne Reaktion (5) Ergebnis der Aktion (6) Schluss (7)	J	N

III. Weitere Voraussetzungen des Erzählens		
„**Theory of Mind**": Zuhörer/Leser werden orientiert	J	N
Thema wurde erkannt	J	N
Altersgemäß entwickeltes **Weltwissen**	J	N
Das **Erinnerungsvermögen** für Einzelheiten ist gegeben	J	N
Ereignisse in richtiger **Reihenfolge** wiedergegeben	J	N
Logischer Zusammenhang der Ereignisse erkannt	J	N
Hauptsächlich **Wesentliches** erzählt	J	N
Sprachverständnis	J	N
Lesesinnverständnis	J	N
Schriftliche Sprache passend (s.o. „Code-Switching")	J	N
Erzählerperspektive durchgängig in 1. oder 3. Person	J	N
Einzelheiten der Bilder richtig wahrgenommen	J	N

IV. Grammatik / Semantik		
Genus (der, die, das) korrekt	J	N
Beispiel der Fehler:		
Kasus (Nominativ, Genitiv, Dativ, Akkusativ) korrekt	J	N
Beispiel der Fehler:		
Kongruenz (z.B. das Kind hüpf**t**) korrekt	J	N
Beispiel der Fehler:		
Konjugation (z.B. er tr**a**nk) korrekt	J	N
Beispiel der Fehler:		
Nebensatzbildung fehlerfrei	J	N
Beispiel der Fehler:		
Kind erkennt Fehler nach Hinweis	J	N
Kind erkennt Fehler, wenn es selbst den Fehler im Satz liest	J	N
Fehler werden gegen Ende der Geschichte häufiger	J	N
Spannungswörter (z.B. „plötzlich") angemessen	J	N
Gefühlsausdrücke angemessen	J	N
Adjektive angemessen	J	N
Verbenverwendung abwechslungsreich	J	N

V. Rechtschreibung[1]			
Groß-/Kleinschreibung	Vokale	Konsonanten (z.B. g/k, d/t, b/p, f/v)	
Mehrfachkonsonanz (initial, medial, final)	Verdoppelung, ck, tz	Dehnung	
Orthographische Besonderheiten:	i/ie	Sonstige Auffälligkeiten:	
Kind erkennt Fehler nach Hinweis		J	N
Kind erkennt Fehler, wenn es selbst den isolierten Fehler liest		J	N
Kind erkennt Fehler, wenn es selbst den Fehler im Satz liest		J	N
Fehler werden gegen Ende der Geschichte häufiger		J	N

---

[1] Orientierung an der Einteilung der Rechtschreibung von Wildegger-Lack, 2003.

A2.1 Beispiel eines ausgefüllten Diagnosebogens dargestellt anhand einer schriftlichen Geschichte

Im Folgenden (s. S. 98-100) wird ein Beispiel eines ausgefüllten Testbogens wiedergegeben. Die Einstufung der drei mündlich erzählten Geschichten wird hier zur Orientierung auch aufgeführt. Die schriftliche Geschichte folgt:

G1: Es waren einmal drei Kinder. (1) / Die wollten auf einer Baustelle spielen. (1) / Diane hat ein Feuerzeug mitgebracht. (1) / Da sagt sie: „Komm, wir machen ein bisschen Feuer." (2, WR) / Da sagt der Phillip: „Ihr spinnt wohl. Wir dürfen das nicht." (4, WR) / Die anderen sagen: „Ist doch nicht so wild." (6, WR) / Sie zünden es an. (6) / Der Phillip läuft weg. (6)

Kategorisierung, Erzählstufe: „Kulisse" (1), „Verursachendes Geschehen" (2), „Lösungsversuch" (4) und „Ergebnis" (6)

Die Geschichte ist in die Erzählstufe 4 einzuordnen. Die Kohärenz wäre durch eine „Interne Reaktion", die das Ergebnis verdeutlicht hätte, stärker gewesen. Ziele im Bereich Kohärenz wären die Erarbeitung der „Internen Reaktion" und die Erarbeitung vom Abschluss der Geschichte.
Es fehlen in dieser Erzählung die Bindewörter, die durch Klärung der Hintergründe die Kohäsion gesteigert und die Geschichte flüssiger gestaltet hätten. Auch ist der Einsatz des Pronomens „es" zwar grammatikalisch korrekt, aber zu weit vom Referenten (Feuer) entfernt. Der sinnvolle Einsatz von Bindewörtern, ein genauerer Gebrauch von Pronomen und die Erarbeitung anderer Kohäsionsmittel wären nach der Analyse dieser Geschichte ebenfalls Behandlungsziele.

Allerdings ist das Ergebnis bei „Geschichtenverständnis" mit elf Punkten gut und die Kulisse oder Einleitung ist hier durchaus ausreichend. Wie die Einstufung der drei mündlichen Geschichten zeigt (Erzählstufe 4, 6, und mehr als 6), kann das Kind zumindest mündlich besser erzählen. Die Ergebnisse der anderen beiden schriftlichen Geschichten werden also für die Therapieentscheidungen maßgeblich sein.

A2.1 Beispiel eines ausgefüllten Diagnosebogens dargestellt anhand einer schriftlichen Geschichte

Name: _____ Datum: _06.6.24_
Zutreffendes umkreisen J = Ja   N = Nein   geb.: _99.3.07_   Alter: _7.3.17_

Erzählstufe Mündlich G1 G2 G3 Stufe 1 2 3 ④ 5 ⑥ ⊕	Erzählstufe Schriftlich Stufe 1 2 3 ④ G1 5 6 +

Geschichtenverständnis (Anzahl Punkte) _11_

I. Kohärenz: „Grammatik der Geschichte"

Kulisse (1): entspricht bei Geschichtenmaus „Einleitung"

Erkennbar vorhanden	Ⓙ G1	N
Informationen ausreichend zur Orientierung	Ⓙ G1	N
Enthält Information zu: ⓦer, ⓦas, ⓦo, warum, wie, wann (G1, G1, G1)		

Verursachendes Geschehen (2): entspricht bei Geschichtenmaus „Hauptteil"

Erkennbar vorhanden	Ⓙ G1	N
Geschehen verständlich dargestellt	Ⓙ G1	N

Interne Reaktion (5): kann in jedem Teil vorkommen

Erkennbar vorhanden	J	Ⓝ G1
Angabe logisch und nachvollziehbar	J	Ⓝ G1

Plan (3): entspricht bei Geschichtenmaus „Hauptteil"

Erkennbar vorhanden	J	Ⓝ G1
Weiterentwicklung logisch	J	Ⓝ G1

Aktion, Lösungsversuch (4): entspricht bei Geschichtenmaus „Hauptteil"

Erkennbar vorhanden	Ⓙ G1	N
Weiterentwicklung logisch	Ⓙ G1	N

Ergebnis (6): entspricht bei Geschichtenmaus: „Hauptteil"

Erkennbar vorhanden	Ⓙ G1	N
Weiterentwicklung logisch	Ⓙ G1	N

Schluss (7): entspricht bei Geschichtenmaus: „Schluss"

Erkennbar vorhanden	J	Ⓝ G1
Rundet Geschichte logisch ab	J	Ⓝ G1

Abschlusstyp: Zusammenfassung, Hinweis an Zukunft/Vergangenheit; Hauptfigur hat gelernt; Gedanken, Gefühle der Hauptfigur; Moral (Alle sollen lernen)

II. Kohäsion, erkennbarer sprachlicher Zusammenhang		
Verhältnis **„Bindewörter"**/Sätze ausreichend G.1 _0/9_ G.2 ____ G.3 ____ G.4 ____ G.5 ____ G.6 ____ G.7 ____ G.8 ____ Verwendete Bindewörter_____	J	Ⓝ G1
Bindewörter semantisch korrekt Beispiel der Fehler:	J	N
Zeitlicher Zusammenhang durch Adverbien, Kontext	J	Ⓝ G1
Durchgehend gleiche **Zeitstufe (Konjugation)**	J	Ⓝ G1
Wiederholungen erhöhen Kohäsion Falls störend, Wortart: _G1: Verb_	J	Ⓝ G1
Pronomen: Referent erkennbar, semantisch korrekt Beispiel der Fehler: _G1: Referent zu weit weg (es/Feuer)_	Ⓙ G1	N
Wörtliche Rede (WR) vorhanden, angemessen Teil: Kulisse (1) <u>Verursachendes Geschehen (2)</u> Plan (3) <u>Lösungsversuch (4)</u> Interne Reaktion (5) <u>Ergebnis der Aktion (6)</u> Schluss (7)	Ⓙ G1	N

III. Weitere Voraussetzungen des Erzählens		
„Theory of Mind": Zuhörer/Leser werden orientiert	Ⓙ G1	N
Thema wurde erkannt	Ⓙ G1	N
Altersgemäß entwickeltes **Weltwissen**	Ⓙ G1	N
Das **Erinnerungsvermögen** für Einzelheiten ist gegeben	J	N
Ereignisse in richtiger **Reihenfolge** wiedergegeben	Ⓙ G1	N
Logischer Zusammenhang der Ereignisse erkannt	Ⓙ G1	N
Hauptsächlich **Wesentliches** erzählt	Ⓙ G1	N
Sprachverständnis	Ⓙ G1	N
Lesesinnverständnis	J	N
Schriftliche Sprache passend (s.o. „Code-Switching")	Ⓙ G1	N
Erzählerperspektive durchgängig in 1. oder 3. Person	Ⓙ G1	N
Einzelheiten der Bilder richtig wahrgenommen	Ⓙ G1	N

IV. Grammatik / Semantik		
Genus (der, die, das) korrekt	Ⓙ	N
Beispiel der Fehler:	G1	
Kasus (Nominativ, Genitiv, Dativ, Akkusativ) korrekt	Ⓙ	N
Beispiel der Fehler:	G1	
Kongruenz (z.B. das Kind hüpf**t**) korrekt	Ⓙ	N
Beispiel der Fehler:	G1	
Konjugation (z.B. er tr**a**nk) korrekt	Ⓙ	N
Beispiel der Fehler:	G1	
Nebensatzbildung fehlerfrei	J	N
Beispiel der Fehler:		
Kind erkennt Fehler nach Hinweis	J	N
Kind erkennt Fehler, wenn es selbst den Fehler im Satz liest	J	N
Fehler werden gegen Ende der Geschichte häufiger	J	N
Spannungswörter (z.B. „plötzlich") angemessen	J	Ⓝ G1
Gefühlsausdrücke angemessen	J	Ⓝ G1
Adjektive angemessen	J	Ⓝ G1
Verbenverwendung abwechslungsreich	J	Ⓝ G1

V. Rechtschreibung[1]		*fehlerfrei*	
Groß-/Kleinschreibung		Vokale	Konsonanten (z.B. g/k, d/t, b/p, f/v)
Mehrfachkonsonanz (initial, medial, final)		Verdoppelung, ck, tz	Dehnung
Orthographische Besonderheiten:		i/ie	Sonstige Auffälligkeiten:
Kind erkennt Fehler nach Hinweis		J	N
Kind erkennt Fehler, wenn es selbst den isolierten Fehler liest		J	N
Kind erkennt Fehler, wenn es selbst den Fehler im Satz liest		J	N
Fehler werden gegen Ende der Geschichte häufiger		J	N

---

1 Orientierung an der Einteilung der Rechtschreibung von Wildegger-Lack, 2003.

A2.2 Spielvorschläge (s. auch Anhang A5)

Mängel bei:	Spielvorschlag:
I. Kohärenz	
Kulisse	6.1, 6.2, 6.3, 6.4
Verursachendes Geschehen	6.5
Interne Reaktion	6.6
Plan	6.7
Aktion, Lösungsversuch	6.8
Ergebnis	6.9
Abschluss	6.10
Abschlusstyp	6.10
Unwesentliche Einzelheiten	6.2, 6.3
II. Kohäsion	
Verhältnis Bindewörter/Sätze	7.1, 7.5
Bindewörter semantisch korrekt	7.1, 7.5
Zeitlicher Zusammenhang durch Adverbien, Kontext	7.1, 7.6
Durchgehend gleiche Zeitstufe (Konjugierung)	7.9
Wiederholungen	7.1, 7.2
Pronomen: Referent erkennbar, semantisch korrekt	7.1, 7.2, 7.4
Wörtliche Rede (WR) vorhanden, angemessen	6.6, 6.7, 7.7, 7.8
III. Weitere Voraussetzungen des Erzählens	
„Theory of Mind": Zuhörer/Leser werden orientiert	6.2, 6.3, 7.5
Thema wurde erkannt	6.5
Altersgemäß entwickeltes Weltwissen	6.5, 7.5, 7.6, 7.7
Das Erinnerungsvermögen für Einzelheiten ist gegeben	7.1
Ereignisse in richtiger Reihenfolge wiedergegeben	7.1
Logischer Zusammenhang der Ereignisse erkannt	6.7, 6.8, 6.9, 7.1, 7.5, 7.10
Hauptsächlich Wesentliches erzählt	6.2, 6.3, 6.5, 7.2 (s. Fehlerquellen)
Sprachverständnis/Lesesinnverständnis	6.2, 6.3, 6.6, 6.7, 7.1, 7.5, 7.6, 7.8
Schriftliche Sprache passend (s.o. „Code-Switching")	7.7
Erzählerperspektive durchgängig in 1. oder 3. Person	7.3
Einzelheiten der Bilder richtig wahrgenommen	6.5, 7.5

IV. Grammatik / Semantik

Genus (der, die, das) korrekt	Mehrzahl-Begleiter Spiel (Schelten-Cornish, 2006)
Kasus (Nominativ, Genitiv, Dativ, Akkusativ) korrekt	7.4
Kongruenz (z.B. das Kind hüpf**t**) korrekt	7.4
Konjugation (z.B. er tr**a**nk) korrekt	7.9
Nebensatzbildung fehlerfrei	7.5
Spannungswörter (z.B. plötzlich) angemessen	7.1, 7.6
Gefühlsausdrücke angemessen	6.6
Adjektive angemessen	Kochbuch: Wortschatz und Semantik (Schelten-Cornish, 1995)
Verbenverwendung abwechslungsreich	7.2, 7.8

A2.3 Überprüfung des Verstehens einer Geschichte: „Das dumme Mäuslein"[1]

Anweisung: „Ich lese dir jetzt eine kleine Geschichte vor. Nachher frage ich dich einiges dazu, also musst du gut zuhören."

Die Anzahl der richtig beantworteten Fragen wird oben auf den Diagnosebogen eingetragen.

Geschichte:

Eines Tages lief ein junges Mäuslein zum ersten Mal allein aus seinem Loch. Es war neugierig und wollte sich die Welt ansehen. Aber es dauerte gar nicht lange, da kam das Mäuslein aufgeregt zurück und lief schnell zu seiner Mutter. „Mutter, hör nur zu. Ich muss dir erzählen, was ich draußen erlebt habe. Es war ganz schrecklich! Ich habe furchtbare Angst gehabt.

Im Hof habe ich ein wildes Tier gesehen. Es war bunt und mit seinen riesigen Flügeln schlug es gewaltig um sich. Auf dem Kopf war es feuerrot und an den Füßen hatte es scharfe Krallen.

Als ich mir das Tier genauer angucken wollte, schrie es ganz laut: „Ki-ke-ri-ki". O Mutter, das war bestimmt ein gefährliches Tier! Es wollte mich sicherlich auffressen, aber ich bin schnell weggelaufen. Im Hof sah ich noch ein anderes Tier, das war ganz sanft und friedlich. Es war so grau wie wir, nur viel, viel größer. Das Tier sah so freundlich aus. Es saß still da, leckte sich die Pfoten und strich damit über sein Gesicht. Manchmal schnurrte es ganz leise. Am liebsten wäre ich zu ihm gelaufen und hätte mit ihm gespielt. Ich hatte aber so große Angst vor dem anderen bösen Tier, dass ich lieber schnell wieder nach Hause gekommen bin."

---

[1] Diese Geschichte mit den anschließenden Fragen wurde entnommen aus: Baumgartl, S., Vogel, H. (2008). MiniLÜK: Leseübungen 3. Mit freundlicher Genehmigung der Westermann Spielverlag GmbH, Braunschweig.

Fragen: Nur jeweils eine Antwort ist richtig!

1.	Eines Tages lief das Mäuslein ...		
	mit seinen Freunden fort.	in die Speisekammer.	allein aus seinem Loch.

2.	Das Mäuslein wollte ...		
	einkaufen gehen.	sich die Welt ansehen.	seinen Eltern fortlaufen.

3.	Es erzählte seine Erlebnisse ...		
	seiner Mutter.	seinem Vater.	seinen Geschwistern.

4.	Das Mäuslein war ...		
	in der Scheune.	im Hof.	auf dem Feld.

5.	Es traf draußen ...		
	viele Tiere.	zwei Tiere.	drei Tiere.

6.	Das erste Tier war auf dem Kopf ...		
	schneeweiß.	mausgrau.	feuerrot.

7.	An den Füßen hatte es ...		
	weiche Polster.	schwere Hufe.	scharfe Krallen.

8.	Dieses Tier rief ...		
	ki-ke-ri-ki.	miau.	i-a.

9.	Ein anderes Tier sah ...		
	böse aus.	wild aus.	freundlich aus.

10.	Dieses Tier ...		
	leckte sich die Pfoten.	brüllte laut.	wedelte mit dem Schwanz.

11.	Dieses Tier war ...		
	ein Hund.	ein Esel	eine Katze.

12.	Gefährlich für das Mäuslein war in Wirklichkeit ...		
	das erste Tier.	das zweite Tier.	gar kein Tier.

A3 Beispiele für die Kategorisierung und Feststellung der Erzählstufe bei mündlichen Geschichten

Bei der Kategorisierung werden alle Sätze der Geschichte mindestens einer Zahl zugeordnet, die einem Geschichtenteil entspricht (s. 2.3, Teile einer Geschichte, Übersicht 1). Anhand der kategorisierten Geschichtenteile stellt der Erwachsene fest, auf welcher Erzählstufe die Geschichte erzählt wurde (s. 3.3, Entwicklungsstufen des Erzählens, Übersicht 2).

Oft stehen Sätze am Übergang von einem Geschichtenteil zum anderen; sie gehören scheinbar in beide. Die Zuordnung sollte nicht allzu viel Zeit in Anspruch nehmen, denn der Zweck der Kategorisierung ist die Feststellung fehlender Geschichtenteile. Fehlen wichtige Teile ganz, d.h. wird ihre Funktion durch keinen anderen Teil der Geschichte wahrgenommen, so ist die Kohärenz deutlich merkbar gestört.

Im Folgenden werden kurze Beispiele für die Kategorisierung und Feststellung der Erzählstufe mündlicher Geschichten aufgeführt. Auch die Feststellung des Verhältnisses Bindewörter/Sätze als wichtiges Indiz der Erzählstufe wird angesprochen.

Dieser erste Teil der Diagnose mündlicher Erzählfähigkeit ergibt eine detailliertere Sicht der Kohärenz der Geschichte sowie auch wichtige Informationen zur Kohäsion. Bei vielen Kindern genügt diese Diagnose; die Förderung beginnt mit den fehlenden Geschichtenteilen. Einige Vorschläge werden hier gemacht: Behandlungsentscheidungen können allerdings nicht anhand einer einzigen Geschichte endgültig gefällt werden.

Falls erwünscht können auch weitere Voraussetzungen des Erzählens anhand des Diagnosebogens (s. Anhang 2) näher betrachtet werden. In den folgenden Beispielen wird kurz auf diese Voraussetzungen eingegangen. Mit Ausnahme der Merkmale der Schriftsprache (z.B. Rechtschreibung) läuft dies genauso ab wie die Diagnose des schriftlichen Erzählens.

1. „*Wir haben eine Hütte gebaut. (2) / Da wollten wir sie herzeigen. (3) / Wir haben Papa geholt. (4) / Ihm hat's gefallen. (5) / Er hat gesagt: «Klasse!». (6, WR)*"

    Kategorisierung, Erzählstufe: Diese Geschichte beinhaltet „Verursachendes Geschehen" (2), „Plan" (3), „Lösungsversuch" (4) „Interne Reaktion" (5) und „Ergebnis" (6). Das Ergebnis enthält wörtliche Rede. Die Geschichte entspricht der fünften Erzählstufe und wäre bezüglich der Kohärenz für ein fünf- bis siebenjähriges Kind altersgemäß. Handelt es sich um ein Schulkind und zeigen keine seiner Geschichten Abschlüsse oder Einleitungen (Kulissen), dann müssten diese Teile erarbeitet werden.

    Feststellung des verhältnismäßigen Anteils Bindewörter/Sätze: 0/5. Dieses Kind gebrauchte allerdings in dieser Geschichte keine Bindewörter. Ist dies auch in seinen anderen Geschichten der Fall, wäre ein Ziel die Erarbeitung und der Gebrauch der gängigsten Konnektive. Denn ohne deren Gebrauch wäre das Kind in einer längeren Geschichte nicht in der Lage, die Weiterentwicklung durch Darstellung der Ursachen und Hintergründe logisch zu erklären. Der korrekte Einsatz von Pronomen zeigt den Gebrauch einiger kohäsiven Mittel.

2. *„Das Auto ist kaputt. (2) / Er hat uns angefahren. (2) / Jetzt müssen wir es richten lassen."(3)*

Kategorisierung, Erzählstufe: Diese Geschichte beinhaltet „Verursachendes Geschehen" (2) und „Plan" (3). Es gibt weder genügende Informationen zum Problem des Unfalles noch zum Problem der Beschädigung, so dass der Zuhörer sich nicht orientieren kann. Diese Geschichte ist auf Stufe 2 und wäre für ein drei- bis vierjähriges Kind altersgemäß. Bei einem älteren Kind wäre das vorrangige Ziel die Erarbeitung der fehlenden Geschichtenteile.
Feststellung des verhältnismäßigen Anteils Bindewörter/Sätze: 0/3. Es werden keine Bindewörter benutzt, so dass deren Aneignung und Gebrauch ebenfalls ein Ziel sein muss, damit das Kind auf oder über Erzählstufe 3 erzählen kann.

3. Eine Geschichte, die mit dem Einleitungssatz *beginnt „Peter war schon eingeschlafen, als es anfing zu blitzen und zu donnern" (1,2)*, erzählte das Kind folgendermaßen weiter: *„Er wollte zu seinen Eltern und rannte so schnell er konnte. (3,4) / Da ging's ihm besser, aber seine Mutter war sauer. (6,5)"*

Kategorisierung, Erzählstufe: Durch den Einleitungssatz war bei dieser Geschichte eine kurze Einleitung (1) und das „Verursachende Geschehen" (2) bereits vorgegeben. Das Kind fügt „Plan" (3), „Lösungsversuch" (4), „Interne Reaktion" (5) und „Ergebnis" (6) hinzu. Damit entspricht die Geschichte mindestens der vierten Erzählstufe und wäre bei einem fünf- bis siebenjährigen Kind altersgemäß. Wie oben im Beispiel 1 müssten bei einem Schulkind weitere Geschichtenteile erarbeitet werden.
Feststellung des verhältnismäßigen Anteils Bindewörter/Sätze: 2/2. Es werden hier die beiden Bindewörter „und" und „aber" verwendet. Als Bindewort erbringt „und" so gut wie keine syntaktische Informationen. Doch das Wort „aber" eignet sich gut, um Hintergründe verständlich zu machen, d.h., erste Kohäsionsmittel werden schon eingesetzt.

A4 Beispiele für die Kategorisierung und Feststellung der Erzählstufe bei schriftlichen Geschichten

In den folgenden Beispielen werden die Kategorisierung und die Feststellung der Erzählstufe einiger schriftlichen Geschichten kurz besprochen. Nur die auffälligsten Gesichtspunkte der Kohäsion und der weiteren Voraussetzungen werden ebenfalls kurz genannt. Beispiele von fehlerhafter Rechtschreibung und Grammatik werden nicht gegeben.

a) *Es waren einmal drei Kinder. (1) / Sie hatten einen Kickerkasten geschenkt bekommen. (1) / Alle drei spielten damit. (1) / Auf einmal sagte der kleine Bruder: „Ich mag auch mal", und es gab Streit. (2, WR) / Dann haben sie miteinander gespielt. (6)*

Kategorisierung, Erzählstufe: „Kulisse" (1), „Verursachendes Geschehen mit wörtlicher Rede" (2, WR), „Ergebnis der Aktion" (6)
Obwohl ein Ergebnis der Aktion vorhanden ist, ist die Geschichte eher auf Erzählstufe 2 anzusiedeln. Ein Lösungsversuch fehlt; somit ist die Weiterentwicklung zum friedlichen Spielen nicht logisch. Vorrangiges Ziel wäre die Erarbeitung von Lösungsversuchen.
Feststellung des verhältnismäßigen Anteils Bindewörter/Sätze: 1/5. Das Kind gebraucht nur „und": Es fehlen damit die kohäsiven Möglichkeiten, um die Geschehnisse verständlich zu schildern. Der Umgang mit Bindewörtern, um die Kohäsion zu verbessern, wäre somit auch ein Ziel.

> → **Hinweis**: Das Vorhandensein der Einleitung sowie auch der Gebrauch der ersten Vergangenheit (wenn auch nicht ganz durchgehend) könnten auf eine Erzählfähigkeit hinweisen, die sich hier aus welchen Gründen auch immer nicht zeigt. Die anderen Geschichten des Kindes müssen analysiert werden, bevor Behandlungsentscheidungen getroffen werden.

b) *Es war in der Bäckerei. (1) / Franz war dran mit Einkaufen. (1) / Er hat sein Brot nicht gekriegt. (2) / Da ging er zu einem Mann und sagte: „Können Sie mir helfen?" (4, WR) / Da sagte der Mann zu der Bäckerin: „Der Junge ist jetzt dran!" (6, WR) / Da konnte er dann sein Brot kaufen. (6)*

Kategorisierung, Erzählstufe: „Kulisse" (1), „Verursachendes Geschehen" (2), „Lösungsversuch mit wörtlicher Rede" (4, WR) und „Ergebnis der Aktion", einmal mit „wörtlicher Rede" (6, WR)
Hier handelt es sich um eine logisch entwickelte Geschichte auf Erzählstufe 4. Es fehlt aber eine „Interne Reaktion", welche die Struktur verstärkt und die Spannung gesteigert hätte. Vorrangiges Ziel wäre die Formulierung von „Internen Reaktionen". Je nach Alter des Kindes wäre auch die Erarbeitung vom Schluss der Geschichte als Ziel angemessen.

Feststellung des verhältnismäßigen Anteils Bindewörter/Sätze: 1/6. Das Kind gebraucht nur „und": Es fehlen damit die kohäsiven Möglichkeiten, die Geschehnisse verständlich zu schildern. Der Gebrauch von Bindewörtern, um die Kohäsion zu verbessern, wäre somit auch ein Ziel. Wahrnehmungsübungen könnten den Gebrauch der ersten Vergangenheit festigen.

c) *Der Vater und der Sohn arbeiten in der Werkstatt. (1) / Plötzlich lässt der Sohn alle Schraubenzieher auf den Boden fallen. (2) / Sie räumen auf. (4) / Dann gehen sie wieder ins Haus. (6)*

Kategorisierung, Erzählstufe: „Kulisse" (1), „Verursachendes Geschehen" (2), „Lösungsversuch" (4) und „Ergebnis der Aktion" (6)

Diese Geschichte hat vier Teile, die durchaus miteinander in Verbindung stehen. Weil aber eine Erklärung des unvermittelten Übergangs vom Aufräumen zum Weggehen fehlt, leidet die Logik der Weiterentwicklung. Vorrangiges Ziel wäre es, mit den fehlenden wichtigen Geschichtenteilen die Logik zu verdeutlichen und so die Kohärenz zu stärken. Hier wären „Interne Reaktion" und „Plan" am wichtigsten.

Feststellung des verhältnismäßigen Anteils Bindewörter/Sätze: 0/4. Es fehlen die Bindewörter, die durch Erklärung der Zusammenhänge die Kohäsion verbessert hätten. Deren Erarbeitung wäre somit auch ein Ziel.

Die Erzählform der ersten Vergangenheit bedarf Übung: Sie fehlt in dieser Geschichte völlig.

d) *An einem Tag im Kindergarten durften alle hinaus in den Garten. (1) / Das Fräulein sagte: „Erst müsst ihr aufräumen." (1, WR) / Aber sie ging dann weg und deshalb sah sie nicht, dass nur vier Kinder aufräumten. (2) / Die anderen rannten einfach hinaus. (2)*

Kategorisierung, Erzählstufe: „Kulisse" mit wörtlicher Rede (1), „Verursachendes Geschehen" (2)

Diese Geschichte ist auf Erzählstufe 2 einzuordnen. Das Thema ist klar erkennbar, aber „Lösungsversuch", „Interne Reaktion", „Ergebnis" und „Schluss" fehlen; die angefangene Weiterentwicklung wird somit nicht durchgezogen. Vorrangiges Ziel wäre die Entwicklung der fehlenden Geschichtenteile, damit eine kohärente Geschichte entsteht.

Feststellung des verhältnismäßigen Anteils Bindewörter/Sätze: 2/4. Die Logik der angefangenen Weiterentwicklung wird mit „aber" und „deshalb" verdeutlicht; leider wird sie nicht weiterverarbeitet.

> → **Hinweis**: Aufgrund der ausführlichen Einleitung und Anwendung von wirksamen Kohäsionsmitteln („aber" und „deshalb", gleichbleibende Zeitstufe, Substitution „die anderen", zeitliche Orientierung mit „an einem Tag, erst, dann") wäre bei anderen Geschichten nachzuprüfen, ob diese Momentaufnahme nicht einen zu schlechten Eindruck der tatsächlichen Erzählfähigkeit des Kindes ergeben hat.

e) *Da sind vier Kinder. (1) / Die bauen an einem Haus. (1) / Einer holt die Bretter hoch. (2) / Einer nagelt die Bretter. (2) / Einer tut die Türen einschlagen. (2) / Da streitet keiner. (2)*

Kategorisierung, Erzählstufe: „Kulisse" (1), „Verursachendes Geschehen" (2)
Diese Geschichte ist auf Erzählstufe 2 einzuordnen, denn es fehlt die Weiterentwicklung. Das erste Ziel wäre die Entwicklung der fehlenden Geschichtenteile.
Feststellung des verhältnismäßigen Anteils Bindewörter/Sätze: 0/6. Es sind keine Bindewörter vorhanden. Ihr Gebrauch, um Hintergründe zu erklären, wäre auch ein wichtiges Ziel. Sprachlich ist die Geschichte bezüglich der Rechtschreibung zwar korrekt, aber umgangssprachlich und so nicht den Regeln der Schriftsprache entsprechend („tut ... einschlagen"): Die Fähigkeit zum „Code-Switching" sowie auch das Erzählen in der ersten Vergangenheit wären weitere Ziele.

f) *Da hat einer einen Fahrradunfall. (2a) / Die da stehen, die verlieben sich. (2b) / Da sagt der Mann zu der Frau: „Warum passen Sie nicht auf, auf das Kind?" (4, WR) / „Halten Sie sich da raus – das ist mein Sohn!" (6, WR) / Sie geht mit ihrem Kind nach Hause. (6)*

Kategorisierung, Erzählstufe: „Verursachendes Geschehen" (zwei verschiedene: 2a, 2b), „Lösungsversuch mit wörtlicher Rede" (4), „Ergebnis" der Aktion mit „wörtlicher Rede" (6)
Da in dieser Geschichte das „Verursachende Geschehen" (2) in den ersten Sätzen zweifach vorhanden ist, liegt bereits hier ein Kohärenzfehler vor. Zudem ist der „Lösungsversuch" (4) in wörtlicher Rede unlogisch, da weder er noch die „Ergebnisse" der Aktion (6) in einem verständlichen Zusammenhang mit dem ursprünglichen Problem des Fahrradunfalls (bzw. der Verliebtheit!) stehen. Möglicherweise hätte die fehlende „Interne Reaktion" der Menschen eine verständliche Erklärung für ihr Verhalten liefern können. Trotz der Tatsache, dass diese Geschichte aus zahlreichen Teilen besteht, ist sie aufgrund der fehlenden Weiterentwicklung in Erzählstufe 2 einzuordnen. Vorrangige Ziele wären die Entwicklung der fehlenden Geschichtenteile sowie auch das Erkennen des „Erzählwürdigen", also das Festlegen des Themas (s. Spiel 6.5 „Was ist los?").
Feststellung des verhältnismäßigen Anteils Bindewörter/Sätze: 1/5. Es sind Ansätze zum Gebrauch kohäsiver Mittel vorhanden, wenn auch der Satz nicht den Regeln der Schriftsprache entspricht. Der Einsatz weiterer Bindewörter könnte zur Kohäsion beitragen. Ebenfalls wären Übungen zur Wahrnehmung des Unterschiedes von mündlichem und schriftlichem Sprachgebrauch vorzunehmen sowie später die Erarbeitung der ersten Vergangenheit. Vorrangig ist allerdings der Kohärenzfehler.

g) *An einem schönen sonnigen Tag langweilten sich die vier Freunde und sie überlegten, was sie tun könnten. (1) / Da hatte einer von ihnen eine Idee: eine Holzhütte bauen. (2) / Sie arbeiteten drei Tage daran. (4) / Als sie fertig war, gingen sie jeden Tag in das Haus und spielten. (6)*

Kategorisierung, Erzählstufe: „Kulisse" (1), „Verursachendes Geschehen" (2), „Lösungsversuch" (4), „Ergebnis" (6)

Die Geschichte ist in Erzählstufe 4 einzuordnen. Allerdings wäre die Erzählung lebendiger, wenn sie eine „Interne Reaktion" auf das Ergebnis beinhalten würde.

Vorrangige Ziele wären der Einsatz von „Interne Reaktion" und die Erarbeitung eines Abschlusses der Geschichte.

Feststellung des verhältnismäßigen Anteils Bindewörter/Sätze: 4/4. Sprachlich ist die Kohäsion unter anderem durch den Einsatz komplexer Sätze und durch die deutliche Orientierung der Einleitung gegeben.

> → **Hinweis**: Auch hier deuten die ausführliche Einleitung, die Anwendung von Bindewörtern, die gleichbleibende Zeitstufe, die Substitution und der allgemeine Sprachgebrauch darauf hin, dass diese Momentaufnahme einen zu schlechten Eindruck der tatsächlichen Erzählfähigkeit ergeben hat.

h) *Peter fuhr mit seinem Rad. (1) / Das Rad ist umgefallen. (2) / Er musste zum Arzt zum Operieren. (4) / Das Rad musste man wegwerfen, weil es kaputt war. (4) / Er hat ein neues Rad bekommen. (6)*

Kategorisierung, Erzählstufe: „Kulisse" (1), „Verursachendes Geschehen" (2), „Lösungsversuch" (4) und „Ergebnis" (6) Die Geschichte ist in die Erzählstufe 4 einzuordnen. An dieser Geschichte lässt sich deutlich die kindliche Logik erkennen: Nur der „wichtigere" der zwei Lösungsversuche – das Ersetzen des kaputten Fahrrads – zeigt ein Ergebnis. Ziele wären der Einsatz von „Interne Reaktion", um die Logik und die Spannung zu erhöhen, sowie auch die Erarbeitung des Abschlusses der Geschichte.

Feststellung des verhältnismäßigen Anteils Bindewörter/Sätze: 1/5. Das Kind gebraucht nur einen komplexen Satz. Der Referent des Pronomens „er" ist nicht deutlich. Mehr Erfahrung mit diesen Kohäsionsmitteln wäre hier das vorrangige Ziel. Wahrnehmungsübungen könnten den Gebrauch der ersten Vergangenheit festigen.

A5 Alle Geschichtenspiele im Überblick

Kohärenzspiele:

Spiel	Zweck
6.1 Geschichtenmaus	Struktur einer Geschichte veranschaulichen
6.2 Welcher Kopf?	Bedeutung der Einleitung erfahren, Wichtigkeit von Einzelheiten beurteilen
6.3 Das Bühnenspiel	Funktion der Einleitung erfahren, selbst formulieren
6.4 Einleitungs-Bingo	Einleitung formulieren
6.5 Was ist los?	Thema finden, Überschrift formulieren
6.6 Was jetzt? Gefühle!	Interne Reaktion verstehen, formulieren
6.7 Was jetzt? Planspiel	Logische Pläne erkennen, formulieren
6.8 Was jetzt? Was tun?	Aktion, Lösungsversuch durchdenken, formulieren
6.9 Was jetzt? Wird's was?	Ergebnisse der Aktion formulieren
6.10 Schluss-Rate-Spiel	Funktion der Schlusssätze erkennen

Kohäsions- und Sprachspiele:

Spiel	Zweck des Spiels
7.1 Geschichtenpuzzle	Sprachliche Mittel der Kohäsion wahrnehmen Reihenfolge der Geschichtenteile erkennen Lesesinnverständnis verbessern
7.2 Nicht schon wieder! (Geschichten mit Wiederholungen)	Wahrnehmung für Einzelheiten schärfen Wiederholungen wahrnehmen Funktion von Wiederholungen verstehen Ersetzungen vornehmen
7.3 Wechselgeschichten (Geschichten mit Erzählerwechsel)	Erzählerperspektive erkennen
7.4 Pronomen-Memory	Beziehung Pronomen/Referenten erkennen
7.5 Bindewortspiel	Klärung der semantisch/syntaktischen Bedeutung von Bindewörtern
7.6 Wann war das?	Zeitlichen Zusammenhang logisch gestalten
7.7 Sprechen und Schreiben	Code-Switching: Mündliche und schriftliche Rede differenzieren, wörtliche Rede/Pragmatik
7.8 Was du nicht sagst!	Wörtliche Rede: Synonyme für "sagen"
7.9 Die Zeit läuft davon!	Wahrnehmung konstanter Zeitstufe der Verben
7.10 Puzzlebau	Geschichten ausbessern

A6 Kohärenzspiele

A6.1 Die Geschichtenmaus (Geschichtenstruktur)

A6.1.1 Geschichtenmaus – Vorlage

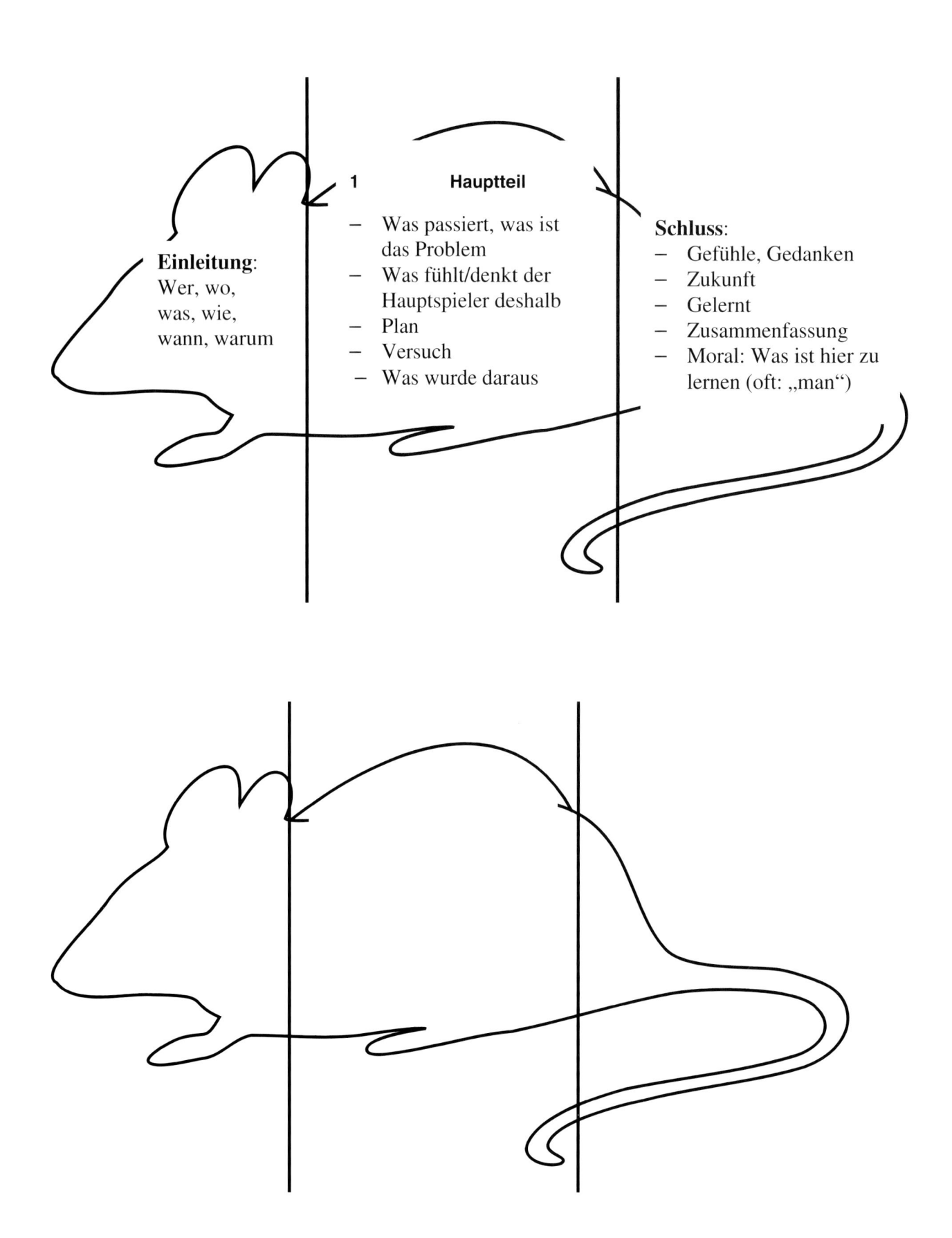

Einleitung: Wer, wo, was, wie, wann, warum

1 Hauptteil
- Was passiert, was ist das Problem
- Was fühlt/denkt der Hauptspieler deshalb
- Plan
- Versuch
- Was wurde daraus

Schluss:
- Gefühle, Gedanken
- Zukunft
- Gelernt
- Zusammenfassung
- Moral: Was ist hier zu lernen (oft: „man")

A6.1.2 Geschichtenmaus – Spiel

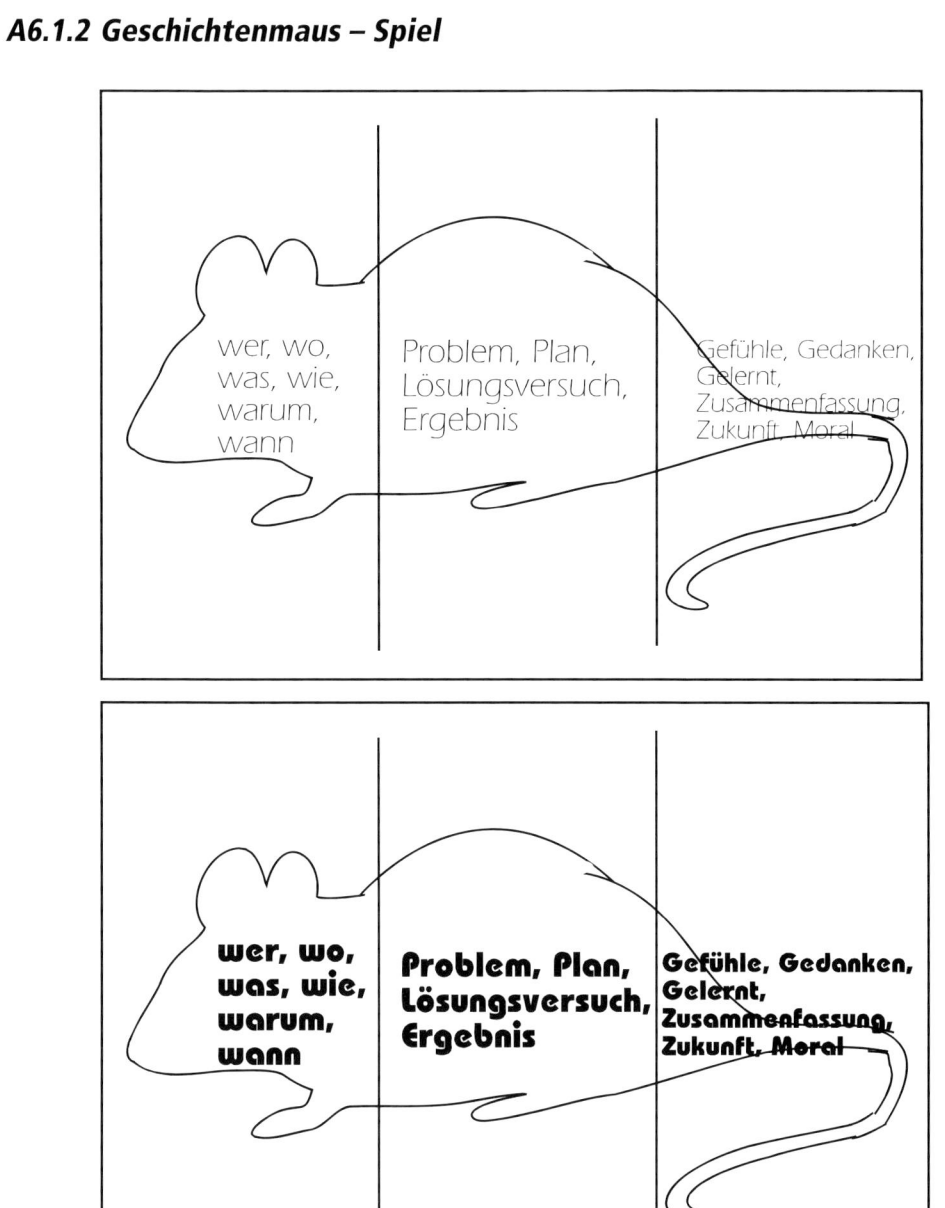

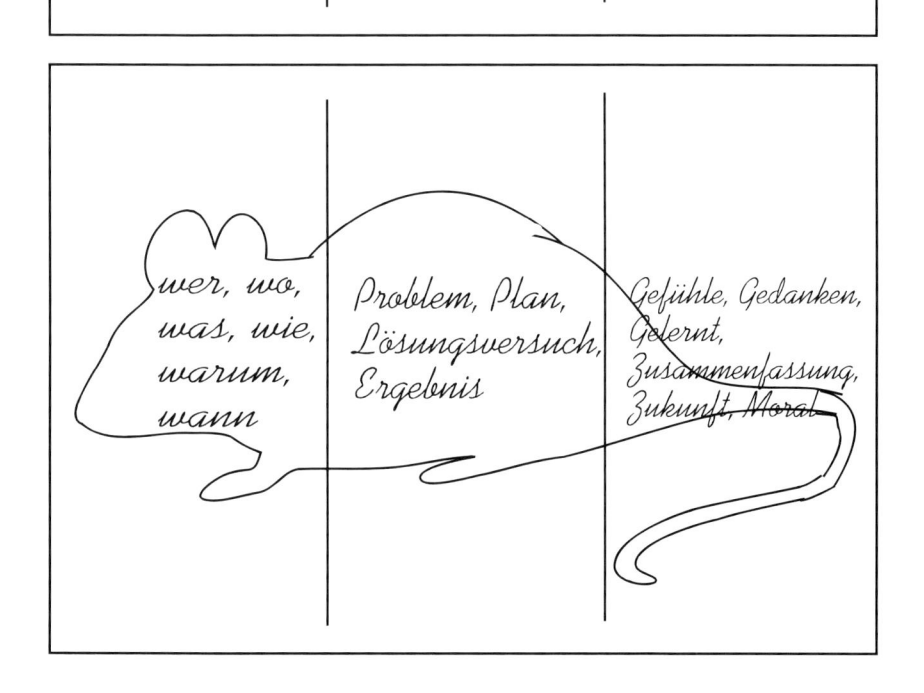

wer, wo, was, wie, warum, wann

Problem, Plan, Lösungsversuch, Ergebnis

Gefühle, Gedanken, Gelernt, Zusammenfassung, Zukunft, Moral

wer, wo, was, wie, warum, wann

Problem, Plan, Lösungsversuch, Ergebnis

Gefühle, Gedanken, Gelernt, Zusammenfassung, Zukunft, Moral

wer, wo, was, wie, warum, wann

Problem, Plan, Lösungsversuch, Ergebnis

Gefühle, Gedanken, Gelernt, Zusammenfassung, Zukunft, Moral

Gefühle, Gedanken	Gefühle, Gedanken	Gefühle, Gedanken
Gefühle, Gedanken	Gefühle, Gedanken	Gefühle, Gedanken
Gefühle, Gedanken	Gefühle, Gedanken	Gefühle, Gedanken

A6.2 Welcher Kopf? (Funktion und Bedeutung der Einleitung)
A6.2.1 Geschichtenmauskopf

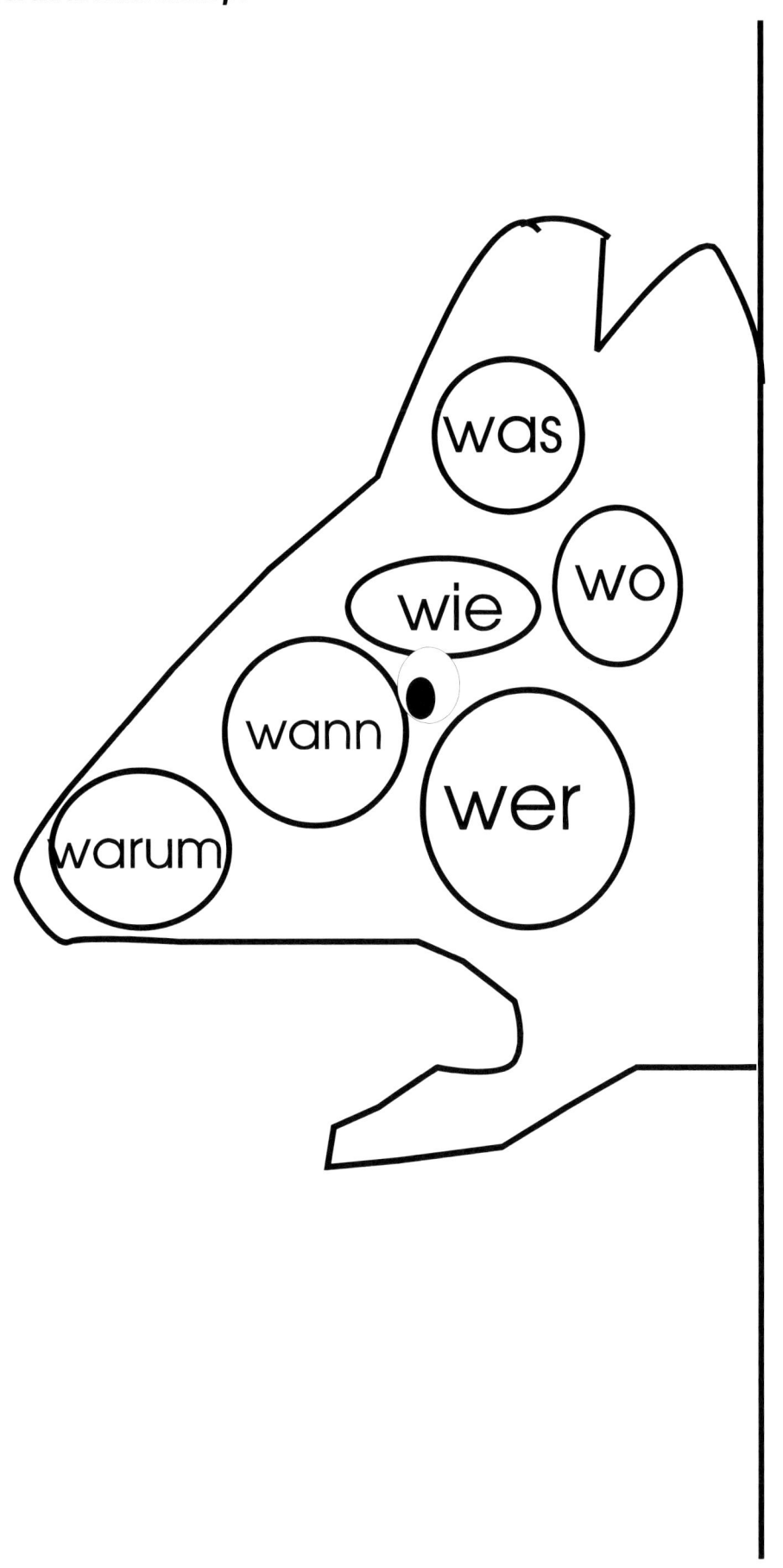

A6.2.2 Welcher Kopf? – Kurzgeschichten

- **Die zwei Einleitungsvorschläge sind unterstrichen.**
- **Die Lösungen sind unter den Geschichten notiert.**

1. <u>Fritz hatte eine Katze, die gerne am Brunnen spielte.</u>
2. <u>Fritz hatte einen Hund, der gerne Ball spielte, und eine Katze.</u>

Eines Tages kletterte sie ganz nach unten zum Wasser, an der Kette des Wassereimers entlang. Fritz wusste gar nicht, wie er sie wieder heraufholen sollte. Er fragte seinen Vater. Sein Vater ließ eine Leiter hinunter und holte sie wieder nach oben. Alle waren froh, dass die Katze nicht ertrunken war.

→ Die Einleitung, die nur die Katze und nicht den Hund erwähnt, ist die bessere.

1. <u>Am Wochenende war Petra oft einsam und alleine.</u>
2. <u>Petra räumte ihr Zimmer gründlich auf.</u>

Sie wollte gerne jemanden zum Spielen einladen, aber sie traute sich nicht anzurufen. Deshalb erzählte sie ihrer Mutter von ihrem Problem. Die Mutter meinte, dass sie doch das Telefonieren üben könnten. Das machten sie mit einem Handy und schon am nächsten Samstag konnte Petra eine Freundin anrufen.

→ Die Einleitung, die nicht vom Aufräumen spricht, ist die bessere.

1. <u>Susi und ich packten für diese Wanderung Wurstbrote, Apfelsinen und Kuchen ein.</u>
2. <u>Im letzten Herbst gingen meine Cousine Susi und ich in den Bergen wandern.</u>

Wir achteten gar nicht auf die dunklen Sturmwolken, die aufzogen. Aber auf einmal ging es los. „Wir müssen zurück!", schrie Susi. Aber so schnell ging es gar nicht, denn der Wanderweg war zu steil und zu glatt. Als wir klitschnass wieder in der Berghütte ankamen, sagte meine Cousine: „Nächstes Mal passen wir beide besser auf das Wetter auf!"

→ Die Einleitung, die nicht von der Verpflegung spricht, ist die bessere.

1. <u>Der Betriebsleiter bestellte im Zug einen Kaffee mit Sahne und Zucker.</u>
2. <u>Letzte Woche fuhr mein Vater spät abends mit dem Zug nach Berlin.</u>

Er war müde und abgelenkt und vergaß deshalb beim Aussteigen in der Großstadt seinen Koffer. Erst als er im Hotel war, bemerkte er den Verlust. Er rief sofort an, aber die Auskunftsstelle der Bahn sagte nur, dass er schon persönlich kommen müsste. Es hat bis gestern, also eine ganze Woche gedauert, bis Papa am Ende seinen Koffer wiederhatte.

→ Die Einleitung, die nicht von dem Getränk spricht, ist die bessere.

1. <u>Mein Pferd hieß „Fisch", weil es schon immer so gerne ins Wasser mochte.</u>
2. <u>Mein Pferd hatte ein glänzendes, schwarzes Fell und einen weißen Fleck an der Nase.</u>

Immer wenn die anderen Pferde zum Fluss zum Trinken gingen, sprang es gleich ins Wasser. Aber an einem regnerischen Tag war die Strömung zu schnell. „Fisch" wieherte, sprang trotzdem hinein und kämpfte dann gegen die Wassermengen. Zum Glück trieb der Fluss mein Pferd an einen umgestürzten Baum. Die starken Äste hielten „Fisch" auf, so dass es aus dem Wasser klettern konnte. Danach wurde es beim Schwimmen etwas vorsichtiger.

> → Die Einleitung, die keine Beschreibung des Aussehens enthält, ist die bessere.

1. <u>Mein großer Bruder mag sehr gerne zum Nachmittagskaffee Mohnkuchen vom Bäcker.</u>
2. <u>Am Samstagmorgen ging Hans Maier früh zum Bäcker, um Brot und Kuchen zu kaufen.</u>

Wie immer zu dieser Zeit am Wochenende musste er in der Schlange anstehen. Auf einmal sah Hans, wie ein kleiner Junge hinter der Bäckersfrau einen Schokoriegel aus dem Regal nahm und in die Tasche steckte. Was sollte er tun? Das war nicht ehrlich – aber petzen wollte er auch nicht. Er beschloss, nichts zu sagen. Aber er war so aufgeregt, dass er nur Brot kaufte und den Kuchen vergaß.

> → Die Einleitung, die den großen Bruder nicht erwähnt, ist die bessere.

1. <u>Hasso und Lila waren zwei Hunde, die immer wieder ausrissen.</u>
2. <u>Hasso und Lila bellten oft ohne Grund.</u>

Eines Tages liefen sie wieder weg, um einen Hasen zu jagen. Der Hase rannte in eine Höhle. Weil beide Hunde so aufgeregt waren, liefen sie natürlich sofort hinterher und fanden dann nicht mehr heraus. Zum Glück riefen Spaziergänger, die sie gesehen hatten, die Polizei. Die Beamten brachten die Ausreißer wieder nach Hause, wo sie diesmal an die Kette gelegt wurden.

> → Die Einleitung, die nicht über das Bellen spricht, ist die bessere.

1. <u>Mein Hase Ralf frisst alles, was er bekommen kann.</u>
2. <u>Ich mache immer zuerst Hausaufgaben und füttere dann meinen Hasen.</u>

Gestern lag er matt im Käfig und krümmte sich vor Schmerzen. Ich brachte ihn zum Tierarzt. Dr. Müller meinte, das Tier hätte wieder etwas Falsches gefressen. Ich sagte, dass er diesmal nichts als sein Futter bekommen hatte. Aber der Tierarzt gab mir ein einfaches Mittel für Bauchschmerzen mit. Zum Glück half das Mittel doch, so dass es Ralf am Abend schon wieder gut ging.

> → Die Einleitung, in der keine Rede von den Hausaufgaben ist, ist die bessere.

A6.3 Das Bühnenspiel (Funktion und Formulierung der Einleitung)

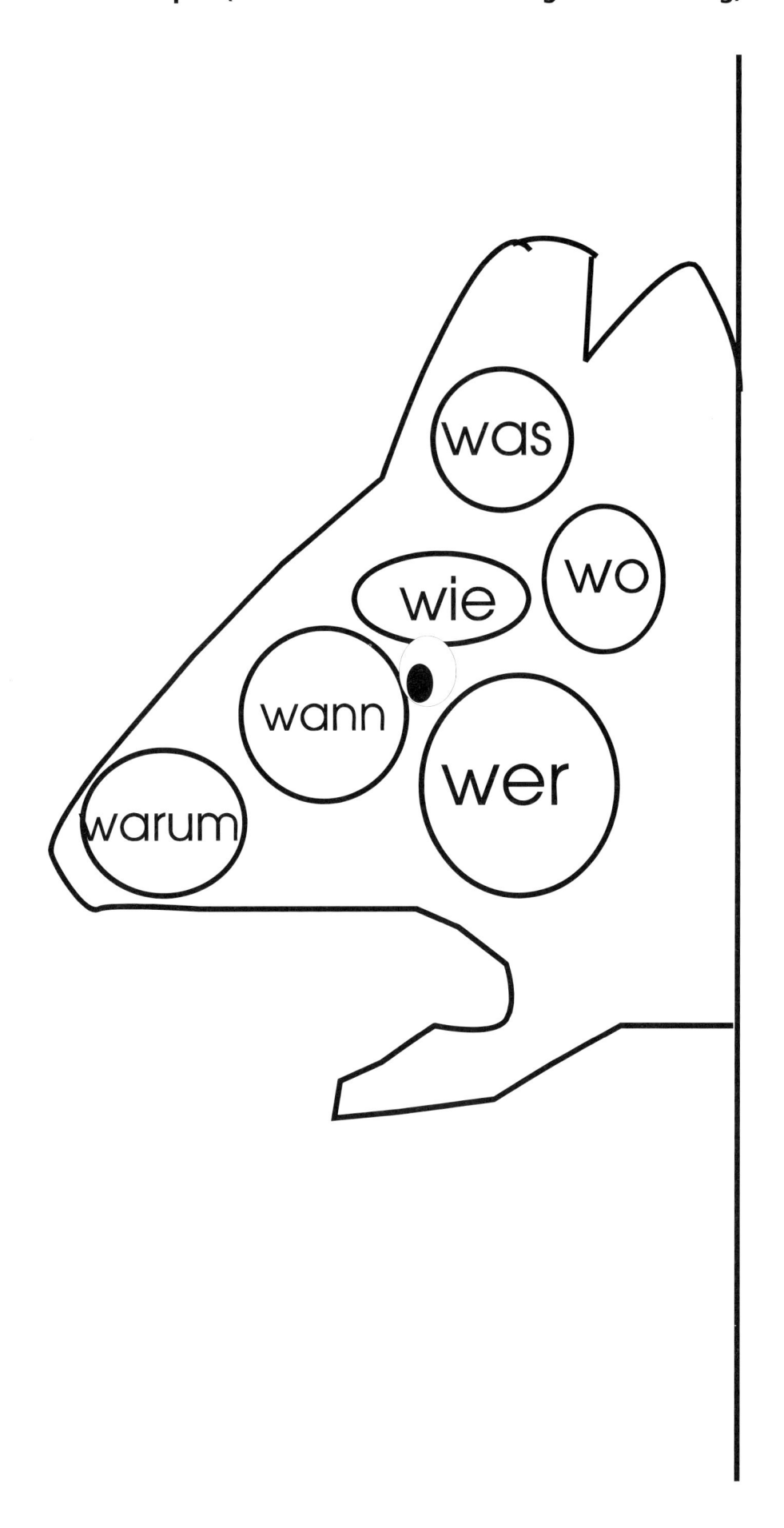

A6.4 Einleitungs-Bingo (Formulieren der Einleitung)
A6.4.1 Einleitungs-Bingo – Spielbrett

Wer	Wo	Was

A6.4.2 Einleitungs-Bingo – Wer-wo-was-Karten

Wer	Wo	Was
Wer	Wo	Was
Wer	Wo	Was
Wer	Wo	Was
Wer	Wo	Was
Wer	Wo	Was
Wer	Wo	Was
Wer	Wo	Was
Wer	Wo	Was
Wer	Wo	Was
Wer	Wo	Was
Wer	Wo	Was
Wer	Wo	Was

A6.5 Was ist los? (Thema finden; Überschrift formulieren)
A6.5.1 Was ist los? – Ereignisbilder

A6.5.2 Was ist los? – Ereignissätze

Start Mir war schmerzhaft klar: Mein Arm war gebrochen.	Die Klasse arbeitete ganz leise, als plötzlich Klaus' Magen laut knurrte.
Es war sechs Uhr in der Früh und das Hochwasser stand vor der Tür.	Die Katze fauchte und schlug nach dem kleinen Kätzchen.
Peter wollte gerade die Hasen füttern, als er sah, dass einer tot im Käfig lag.	Ich hatte so viel trainiert und wurde trotzdem im Wettrennen nur Dritter.
Mitten auf der Straße hörte der Igel plötzlich Motorengeräusche: Ein Auto kam immer näher.	Ich traute meinen Augen nicht: Nach vier Wochen war mein Hund wieder da!
Martin ließ einige Malstifte auf den Boden fallen. Die Lehrerin schaute ihn streng an.	Das Mädchen sagte: „Ich freue mich, dass ich so einen guten Freund habe wie du!"
Ich wollte gerade bezahlen, als ich sah, wie ein Kind heimlich ein Kartenspiel einsteckte.	Christian wurde von Josef so gefault, dass der Ball senkrecht in die Höhe sprang.
Es war der erste Tag in der neuen Klasse und ich kannte keinen der Schüler.	Plötzlich roch ich etwas Komisches: Rauch stieg neben dem Vorhang auf!
Die ganze Mannschaft stand vor der verschlossenen Sporthalle.	Gestern musste ich vor der Klasse das Gedicht aufsagen, das ich auswendig kannte.
Mein Hund gewann in seiner Klasse: Unsere Arbeit hatte sich gelohnt.	Der Fremde zeigte mir den Ring und versicherte mir, dass er sehr wertvoll war.
Draußen regnete es in Strömen und in der Ferienwohnung war überhaupt kein Spielzeug.	Martin stellte fest, dass er den wichtigen Brief vergessen hatte.
Jakob war in einem Monat fünf Zentimeter größer geworden.	Ich wurde um fünf Uhr in der Früh wach, als das Telefon läutete.
Maria stand in einer Schlange. Sie merkte, wie sich die andere Schlange viel schneller bewegte.	Es war der erste Ferientag. Mein Onkel fragte, ob wir in seinem Boot mitfahren wollten.

A6.6 Was jetzt? Gefühle! (Interne Reaktion)
A6.6.1 Was jetzt? Gefühle! – Gefühlsgesichter

A6.6.2 Was jetzt? Gefühle! – Gefühlskarten

fröhlich	traurig	gemein
schockiert	überrascht	müde
verschlafen	unzufrieden	gelangweilt
ängstlich	glücklich	beschämt
zufrieden	stolz	schlecht gelaunt
erstaunt	unsicher	enttäuscht
ungeduldig	wütend	selbstsicher
erschrocken	erwartungsvoll	verwundert
entrüstet	misstrauisch	erleichtert
schüchtern	besorgt	verwirrt

A6.7 Was jetzt? Planspiel (Logische Pläne erkennen und formulieren)
A6.7.1 Was jetzt? Planspiel – Plankarten

Sobald ich ihn verhafte, bringe ich ihn ins Gefängnis!	Zuerst werde ich die Steine klein schlagen.	Wurst! – Die hole ich mir!
Heute mache ich zuerst die Hausaufgaben, dann gehe ich spielen.	Ich werde zuerst das Wichtigste erledigen.	Ich gehe gleich zu der Lehrerin und sage Bescheid.
Ich suche zuerst Schmuck!	Ich ordne am besten alles, was ich aufgeschrieben habe.	Heute suche ich was zum Fressen!
Jetzt muss ich die Handschellen bereithalten.	Weg hier!	Heute im Schatten bleiben!
Zuerst muss ich die Bestellungen erledigen.	Eine Katze – Die kriege ich!	Sobald ich hier fertig bin, werde ich zum Lauftreff fahren.
Jetzt muss ich die Straße ausbessern.	Ich nehme alles Wertvolle mit!	Zuerst über den Zaun springen, dann auf die Straße!

A6.7.2 Was jetzt? Planspiel – Hauptfigurenkarten

A6.8 Was jetzt? Was tun? (Lösungsversuch formulieren)
A6.8.1 Was jetzt? Was tun? – Lösungskarten

laut schreien	vor Freude in die Luft springen	Rat einholen
weinen	Feuerwehr rufen	weglaufen
den Notarzt rufen	besprechen	einkaufen gehen
anrufen	zuschlagen	Taxi rufen
putzen	nach Hause gehen	Freunde fragen
spazieren gehen	Hilfe holen	liegen / sitzen / stehen bleiben
gar nichts tun	sich beschweren	die Polizei anrufen
helfen	Bescheid sagen	feiern
lächeln / lachen	Computer spielen	das Problem lösen

A6.8.2 Was jetzt? Was tun? – Lösungsbilder

128

A6.9 Was jetzt? Wird's was? (Ergebnisse formulieren) – Blankokarten

A6.10 Schluss-Rate-Spiel (Funktion der Schlusssätze erkennen)
A6.10.1 Schluss-Rate-Spiel – sortierte Sätze

Zusammenfassung	So machte Papa mit uns genau den Ausflug, den wir uns immer wünschten.
	Das Theaterspiel war lang, aber lustig.
	Es war ein gefährlicher Versuch gewesen, der uns gar nichts brachte.
	Janas Idee kostete uns viel Zeit, aber dafür erreichten wir unser Ziel.
Gedanken/Gefühle	Susi fand, dass die Heldin sich den besten Weg gesucht hatte.
	Wir waren erleichtert, dass die Sache doch ein gutes Ende gefunden hatte.
	Harald fand die Regel immer noch unsinnig, aber er konnte nichts daran ändern.
	Thomas dachte: „Wenn ich das immer so gut kann wie heute, bin ich zufrieden."
Gelernt	Melanie wusste danach immer, wie sie am sichersten fahren konnte.
	Sara verstand nun, dass die Katze wild bleiben würde.

Gelernt	Georg merkte es sich gut, dass die Straße ein gefährlicher Ort war.
	Robert wusste jetzt, warum der Hund in der Stadt an die Leine musste.
Zukunft	Robert fuhr nie wieder Fahrrad ohne Helm.
	Nach dieser Erfahrung kletterte Peter nur noch auf kleinere Bäume.
	Marja hasste von dem Tag an weiße Ratten.
	Emmanuel schaute danach immer sehr vorsichtig, bevor er über die Straße ging.
Moral	Wenn man nicht vorbereitet ist, kann man nicht alles so gut machen, wie man es gerne hätte.
	Eltern sollten ihren Kindern nicht die Arbeit abnehmen.
	Wenn man aufmerksam hinschaut, kann man sich doch einiges mehr merken.
	Unwissenheit schützt leider nicht vor Strafe!

A6.10.2 Schluss-Rate-Spiel – unsortierte Sätze

So machte Papa mit uns genau den Ausflug, den wir uns immer wünschten.
Robert fuhr nie wieder Fahrrad ohne Helm.
Wenn man nicht vorbereitet ist, kann man nicht alles so gut machen, wie man es gerne hätte.
Janas Idee kostete uns viel Zeit, aber dafür erreichten wir unser Ziel.
Sara verstand nun, dass die Katze wild bleiben würde.
Wir waren erleichtert, dass die Sache doch ein gutes Ende gefunden hatte.
Emmanuel schaute danach immer sehr vorsichtig, bevor er über die Straße ging.
Eltern sollten ihren Kindern nicht die Arbeit abnehmen.
Melanie wusste danach immer, wie sie am sichersten fahren konnte.
Susi fand, dass die Heldin sich den besten Weg gesucht hatte.

Unwissenheit schützt eben leider nicht vor Strafe!
Robert wusste jetzt, warum der Hund in der Stadt an die Leine musste.
Das Theaterspiel war lang, aber lustig.
Wenn man aufmerksam hinschaut, kann man sich doch einiges mehr merken.
Es war ein gefährlicher Versuch gewesen, der uns gar nichts brachte.
Harald fand die Regel immer noch unsinnig, aber er konnte nichts daran ändern.
Marja hasste von dem Tag an weiße Ratten.
Thomas dachte: „Wenn ich das immer so gut kann wie heute, bin ich zufrieden."
Nach dieser Erfahrung kletterte Peter nur noch auf kleinere Bäume.
Georg merkte es sich gut, dass die Straße ein gefährlicher Ort war.

A6.10.3 Schluss-Rate-Spiel – Kategorienkarten

Zusammenfassung	Zusammenfassung
Zusammenfassung	Zusammenfassung
Gedanken/Gefühle	Gedanken/Gefühle
Gedanken/Gefühle	Gedanken/Gefühle
Gelernt	Gelernt
Gelernt	Gelernt
Zukunft	Zukunft
Zukunft	Zukunft
Moral	Moral
Moral	Moral

A7 Kohäsions- und Sprachspiele
A7.1 Geschichtenpuzzle (Kohäsionsmittel wahrnehmen)

Geschichte 1:

1.	Peter hatte eine Katze, Minka, die er sehr gerne mochte.
1.	Eines Tages kletterte die Katze auf einen sehr hohen Baum.
1.	Sie konnte nicht wieder hinunterklettern.
1.	Peters Vater holte eine Leiter, stieg hinauf und holte das arme Tier.
1.	Danach wollte Minka nie mehr auf einen Baum klettern.
1.	Sie hatte viel zu viel Angst, dass sie nicht wieder herunterfinden würde.

Geschichte 2:

2.	Verena war sieben Jahre alt, aber sie war sehr klein.
2.	Sie hatte eine ältere Schwester, die schon 10 Jahre alt war.
2.	Die Schwester hieß Lina und sie mochte ihre kleine Schwester überhaupt nicht.
2.	Einmal war Verena auf dem Weg in die Schule.
2.	Ein großer Junge fing an, sie zu ärgern.
2.	Lina sah es und wurde so wütend, dass sie den Jungen verprügelte.
2.	Dann sagte sie zu ihrer kleinen Schwester: „Warum bist du immer so hilflos?"
2.	Verena dachte traurig: „Jetzt hat sie mir geholfen, aber sie mag mich immer noch nicht."
2.	Es ist nicht immer leicht, mit einer älteren Schwester auszukommen!

Geschichte 3:

3.	Lisa hatte einen zahmen Vogel, der nicht ins Haus durfte.
3.	Er versuchte trotzdem, immer hineinzufliegen.
3.	Eines Tages hatte Lisas Mutter genug davon.
3.	Deshalb beschloss sie, dem Vogel zu zeigen, wo er hingehörte.
3.	Sie machte die Tür absichtlich weit auf.
3.	Sobald er die einladende Öffnung sah, flog der Vogel auch sofort hinein.
3.	Dann klapperte die Mutter ganz laut mit Kochtöpfen, bis der Vogel vor lauter Angst wieder hinausflog.
3.	Danach wollte er nicht mehr ins Haus, weil er dachte, dass es da immer so laut war.
3.	Lisas Mutter hatte dem Vogel beigebracht, draußen zu bleiben, ohne ihm weh zu tun.

Geschichte 4:

4.	Es gab einmal einen kleinen Jungen, der Johann hieß.
4.	Alles musste so laufen, wie Johann es wollte.
4.	An einem warmen Sommertag hatte er eine Freundin eingeladen, weil sie im Garten spielen wollten.
4.	Als sie danach ins Haus gingen, war ihnen sehr heiß.
4.	Deshalb wollte Johann gerne ein Eis haben.
4.	Seine Mutter aber sagte, dass es Eis nur am Wochenende gäbe.
²4.	Daraufhin wurde Johann so wütend, dass er sich laut schreiend auf den Boden warf.
4.	Seine Mutter trug ihn in sein Zimmer, wo er lange bleiben musste.
4.	Seine Freundin ging gleich nach Hause, denn er durfte nicht mehr spielen.
4.	Johann dachte: „Nächstes Mal werde ich nicht so laut schreien, denn im Zimmer ist es viel zu langweilig".
4.	Er hatte gelernt, dass es nichts bringt, wenn man wegen Kleinigkeiten schreit.

Geschichte 5:

5.	Es war einmal ein kleines Mädchen, das Anna hieß.
5.	Anna wollte so gerne in die Schule gehen, aber sie war erst vier Jahre alt.
5.	Eines Tages lief sie ihrem Bruder einfach nach, bis in die Hauptschule.
5.	Er bemerkte sie erst, als er im Klassenzimmer ankam.
5.	Dann rief er sofort seine Eltern an, damit sie Anna abholten.
²5.	Nachdem das passiert war, überlegten die Eltern, wie sie die Kleine von der Schule fernhalten könnten.
5.	Da hatten sie eine Idee: Sie suchten einen Kindergarten.
5.	Anna war dort sehr glücklich.
5.	Sie versuchte nie wieder, sich in die Schule zu schleichen.
5.	Denn nachdem sie Freunde hatte, fand sie es im Kindergarten sogar viel schöner!

Geschichte 6:

6.	Josef legte beim Essen immer die Füße auf den Tisch.
6.	Seine Mutter wurde jedes Mal darüber wütend.
6.	Sie schimpfte mit ihm und schickte ihn auf sein Zimmer.
6.	Am nächsten Tag hatte er trotzdem wieder die Füße auf dem Tisch.
²6.	Eines Tages hatte seine Mutter eine Idee, wie sie das Problem lösen könnte.
6.	An diesem Tag sagte sie: „Josef, du darfst nicht mehr am Tisch sitzen, bis du dich richtig hinsetzen kannst."
6.	Da musste Josef beim Essen immer auf dem Boden sitzen.
6.	Das gefiel ihm überhaupt nicht.
6.	Nach zwei Tagen versprach er, die Füße nie mehr auf den Tisch zu legen.
6.	Dann durfte er beim Essen wieder am Esstisch sitzen.
6.	Als er älter wurde, schämte er sich sehr dafür, dass er früher so etwas Dummes gemacht hatte.

Geschichte 7:

7.	Susi war 14 Jahre alt und wollte sich gerne schminken.
7.	Aber sie hatte noch nicht genug Taschengeld, um Schminke zu kaufen.
7.	So stahl sie eines Tages einen Lippenstift in einem Warenhaus.
7.	Am nächsten Tag ging sie wieder hin, um Wimperntusche mitzunehmen.
7.	Aber eine Verkäuferin, die sie schon am Tag zuvor gesehen hatte, hielt sie fest.
7.	Sie musste ins Büro der Geschäftsführerin, wo sie anfing zu weinen.
7.	Dort erfuhr sie nämlich, dass das Warenhaus bei Diebstahl immer die Polizei rief.
²7.	Als die Beamtin ankam, sah sie Susi sehr streng an.
7.	Sie verlangte den Namen und die Adresse des Mädchens und sagte ihr: „Du bist jetzt polizeilich bekannt."
7.	Erschrocken versprach Susi, nie wieder etwas zu stehlen.
7.	Von dem Tag an stahl sie nie wieder etwas.
7.	Manchmal braucht man so eine schlimme Erfahrung, um etwas Wichtiges zu lernen.

Geschichte 8:

8.	Alexander Maier prügelte sich gerne.
8.	Er tat es überall, wo immer er konnte.
8.	Eines Tages zog ein großer Junge nach Stammheim, wo Alexander wohnte.
8.	Er hieß Max und er prügelte sich auch gerne.
8.	An seinem ersten Schultag stritt er mit Alexander, sobald er ihn sah.
8.	Es fing mit Schimpfen an, aber schon bald schlugen die zwei aufeinander ein.
8.	Sie waren gleich groß und wütend und deshalb taten sie sich gegenseitig sehr weh.
8.	Bald kamen Erwachsene, die sie zum Aufhören zwangen.
8.	Sie mussten zum Büro des Direktors, wo sie schon alles bereuten.
²8.	Als sie dort warteten, bluteten beide.
8.	Trotzdem ließ der Direktor die Jungen eine Stunde lang zusammen den Schulhof fegen.
8.	Danach mussten sie sich die Hand geben und versprechen, sich nicht mehr zu prügeln.
8.	Lustigerweise wurden die zwei in den nächsten Wochen die besten Freunde.

Geschichte 9:

9.	Hasso, der Hund, grub sehr gerne Sachen aus.
9.	Das durfte er im Garten nicht, also suchte er immer eine Gelegenheit beim Spazierengehen.
9.	Bei einem solchen Spaziergang war Hasso eines Tages mit seinem Herrchen auf einer Wiese.
9.	Dort grub er ein tiefes Loch, in dem ganz unten ein totes Tier begraben lag.
9.	Das roch ganz furchtbar, aber trotzdem wälzte sich der Hund darauf herum.
9.	Nachher roch er dann selbst genauso furchtbar.
²9.	Als er nach Hause kam, wurde er mit Hundeshampoo ganz lange gebadet.
9.	Das mochte er überhaupt nicht.
9.	Trotzdem wurde am nächsten Tag wieder etwas Schönes zum Ausgraben gesucht.
9.	Das fand Hasso so spannend, dass er es einfach nicht lernen wollte.

Geschichte 10:

10.	Es war einmal ein kleiner Vogel, der Flitz hieß.
10.	Der Kleine war sehr traurig, weil er nicht fliegen konnte.
10.	Nachdem sie selbst fliegen konnten, wollten ihm seine Freunde bei seinem Problem helfen.
10.	Sie fanden einen alten Fluglehrer.
10.	Der Fluglehrer war sehr nett und übte jeden Tag stundenlang mit dem Kleinen.
10.	Aber nach einer Woche war Flitz immer noch sicher, dass er nicht fliegen konnte.
10.	Er saß einfach traurig auf einem Ast.
²10.	Eines Tages saß er da ganz allein, denn seine Freunde waren beim Fliegen.
10.	Plötzlich kippte ihn ein starker Windstoß vom Ast, so dass er im Fallen seine Flügel ausbreiten musste.
10.	Auf einmal konnte er fliegen, wenn auch noch nicht so schnell.
10.	Aber danach hat er immer ganz sicher gewusst, dass er es konnte.
10.	Manchmal kann man nur deshalb etwas nicht lernen, weil man meint, es sei zu schwer.

Geschichte 11:

11.	Robert liebte Faschingsfeste.
11.	Er hatte immer die besten Ideen, wie er sich zum Fest verkleiden konnte.
11.	Nur dieses Jahr konnte er sich nichts Neues ausdenken.
11.	Deshalb schlug seine Mutter vor, er könnte doch als Cowboy gehen, aber das war eben nicht neu.
11.	So konnte sie ihm bei seiner Entscheidung auch nicht helfen.
²11.	Also sagte er: „Mama, ich gehe spazieren, um in Ruhe nachzudenken."
11.	Beim Spazierengehen sah er, wie ein Vogel auf einen Baum flog und dann sofort erschrocken wieder wegflitzte.
11.	Er suchte gleich danach, was den Spatz so erschreckt hatte, und entdeckte eine Vogelscheuche.
11.	„Das ist es!", dachte er. „Ich gehe als Vogelscheuche!"
11.	Bei der Faschingsfeier am nächsten Tag war seine Idee wieder ein großer Erfolg.
11.	Er dachte deshalb: „Nächstes Jahr gehe ich auch spazieren, um neue Faschingsideen zu finden!"

Geschichte 12:

12.	Sebastian und seine Brüder waren beim letzten Fußballtraining vor Weihnachten.
12.	Vor dem Training schenkte der Trainer allen Spielern einen Nikolaus aus Schokolade.
12.	Er sagte ihnen, sie sollten das Geschenk in ihre Taschen stecken.
12.	Alle taten es gleich und gingen dann hinaus aufs Spielfeld.
12.	Als sie nach dem Training wiederkamen, war Sebastians Nikolaus verschwunden.
12.	Er war sehr traurig und dachte: „Nie wieder lasse ich was in meiner Tasche!"
[2]12.	Seine beiden Brüder sagten aber sofort: „Du kriegst von uns was ab."
12.	Sie teilten ihre Schokolade untereinander auf.
12.	Dann fühlte sich Sebastian nicht mehr so traurig.
12.	Komischerweise fühlten sich seine Brüder auch glücklicher.
12.	Manchmal geht es einem selbst besser, wenn man etwas für andere tut.

Geschichte 13:

13.	Phillip lief aus der Schule und machte sich auf den Heimweg.
13.	Er war so verträumt, dass er nicht aufpasste, wo er hinlief.
13.	Auf einmal schreckte er auf und merkte, dass er die Straße gar nicht kannte.
13.	Erschrocken dachte er: „Wie soll ich jetzt nach Hause finden?"
13.	Darauf wusste er keine Antwort.
13.	Er hatte sich wirklich verlaufen und erkannte jetzt gar nichts mehr.
²13.	Dann erinnerte er sich daran, was seine Mutter immer sagte: „Wenn du Hilfe brauchst, frage eine Mutter mit Kindern."
13.	Zum Glück kam ihm in dem Augenblick eine Mutter mit zwei Kindern entgegen.
13.	Er fragte sie höflich: „Könnten Sie mir bitte sagen, wo die Ahornstraße ist?"
13.	Die Frau sagte ihm, wie er dahin finden konnte.
13.	Er hörte genau zu und ging dann schnurstracks nach Hause.
13.	Unterwegs sagte er sich immer wieder: „Beim Heimgehen muss man schon aufpassen!"

A7.2 Nicht schon wieder! (Wiederholungen erkennen)

Im Tierpark

Es war ein schöner Sommertag und meine Schwester Susi und ich wollten gerne in den Tierpark. Meine Schwester Susi sagte: „Komm, wir fragen unsere Eltern, ob wir in den Tierpark fahren können."
Meine Schwester Susi und ich fragten unsere Eltern, ob wir in den Tierpark fahren konnten. Unsere Eltern sagten, wir dürften in den Tierpark fahren, aber vorher müssten die Kinderzimmer aufgeräumt werden. Meine Schwester Susi und ich räumten ganz schnell die Kinderzimmer auf, und zwei Minuten nachdem die Kinderzimmer aufgeräumt waren, fuhren wir schon in den Tierpark.
Im Tierpark blieben wir ganz lange bei den Seelöwen. Am besten gefielen uns die Seelöwen. Die Seelöwen spielten ganz lange im Wasser. Nach einem ganz langen und aufregenden Nachmittag im Tierpark fuhren wir abends nach Hause.
Meine Schwester Susi und ich waren nach dem langen Nachmittag so glücklich, dass wir unseren Eltern anboten, jeden Tag unsere Kinderzimmer aufzuräumen, wenn wir jeden Tag in den Tierpark fahren dürften. Leider lachten unsere Eltern nur, aber wir wollten es am nächsten schönen Tag ausprobieren.

> → Wiederholungen:
> Meine Schwester Susi: 5x, unsere(n) Eltern: 5x, Tierpark: 8x, Kinderzimmer: 4x,
> aufräumen (verschiedene Formen): 4x, Seelöwen: 3x

Die neue Schule

Martina war ganz früh wach an diesem Morgen. Es war der erste Tag in ihrer neuen Schule und sie war sehr nervös. Sie wusste nicht, wie die Menschen in der neuen Schule sein würden.
Um sieben Uhr rief die Mutter Martina: „Martina, steh auf. Heute gehst du in die neue Schule!" Martina stand schnell auf, zog sich an und frühstückte und ging zu Fuß in die neue Schule.
Ihr neues Klassenzimmer war voller Kinder, als sie ankam. Als sie in das neue Klassenzimmer ging, war sie so aufgeregt, dass sie über ein Heft stolperte, das auf dem Boden lag. Ein blondes Mädchen lachte gleich, aber ein dunkelhaariges Mädchen lachte nicht. Das dunkelhaarige Mädchen kam zu Martina und half Martina wieder aufzustehen.
Martina dachte: „Also das blonde Mädchen ist nicht so nett, aber das dunkelhaarige Mädchen ist sehr hilfsbereit." Jetzt wusste Martina, dass die Menschen in der neuen Schule wie die Menschen in der alten Schule waren: Einige waren nett und andere nicht.

> → Wiederholungen:
> Martina: 8x, Mädchen: 5x, neue(n) Schule: 5x, neue(s) Klassenzimmer: 2x

Das neue Snowboard

Zu Weihnachten bekam Peter ein schönes Snowboard geschenkt. Peter war sehr stolz auf sein schönes Snowboard. „Du hast aber ein schönes Snowboard!", sagte Peters Freund, als Peter ihm das Weihnachtsgeschenk zeigte. „Ja, ich weiß. Ich habe ein sehr schönes Snowboard. Das schönste von allen", sagte Peter. „Ich möchte es gleich ausprobieren", sagte Peter und überredete seine Eltern, ihn und seinen Freund zum Skilift zu fahren.

Peter war zwar ein guter Skifahrer, aber mit Snowboarden hatte er keine Erfahrung. Peter dachte, er könnte Snowboarden genauso gut wie Skifahren. Er fuhr unvorsichtig und schnell den steilen Hang herab. Plötzlich verlor er die Kontrolle und stürzte. Peter war unverletzt. Aber sein schönes Snowboard sah nicht mehr schön und neu aus. Zuerst weinte Peter und war sehr traurig. Aber er war nicht mehr traurig, als alle Freunde begeistert seiner heldenhaften Geschichte vom Sturz mit dem schönen Snowboard zuhörten.

> → Wiederholungen:
> schön: 8x, Peter: 10x, Snowboard: 8x, sagte: 3x

A7.3 Wechselgeschichten (Perspektivenwechsel wahrnehmen)

Das Picknick

Am Samstag standen ich und meine Schwester früh auf. Wir schauten hinaus: Es war richtig schönes Frühlingswetter. Die Schwestern wollten gerne ein Picknick machen. „Fragen wir die Eltern!", dachten wir und taten dies sofort. Mutter und Vater meinten: „Ein Picknick gibt es erst, nachdem eure Hausaufgaben fertig sind." Die Mädchen machten sich schnell an die Arbeit und waren nach kurzer Zeit fertig. Unser Picknick wurde sehr schön! Auf dem Weg nach Hause wurden die Schwestern aber sehr nass, denn es fing an zu regnen. Wir nahmen uns vor, noch einmal Picknick zu machen, aber nächstes Mal einen Schirm mitzunehmen.

> → 3 Sätze vom anderen Erzähler als am Anfang der Geschichte

Der Hund

An einem kalten Wintertag stand ein kleiner Hund neben der Straße und winselte. Seine Besitzer hatten ihn ausgesetzt, weil sie keine Zeit für ihn hatten. Im eisigen Wind fror er sehr und er zitterte vor Kälte und Angst.

„Ach, wenn ich nur eine warme Hundehütte hätte", dachte ich und schaute einen Stall an, der in der Nähe war. Mit hängendem Kopf trottete er zum Stall und fand auf der einen Seite eine leere Hundehütte.

Dankbar kroch er hinein und schlief trotz Hunger und Furcht ein. Am nächsten Morgen stand der Bauer mit einer Wurst vor ihm. „Wenn du auf meinen Stall aufpasst, darfst du bleiben", sagte er.

Ich nahm das Angebot natürlich an und wohnte da viele Jahre.

> → 2 Sätze vom anderen Erzähler als am Anfang der Geschichte

Fahrradfahren

Als ich mich entschied, mit dem Fahrrad in die Schule zu fahren, war ich schon zehn Jahre alt, und wir wohnten seit fünf Jahren in einem kleinen Dorf gleich hinter dem Deich. Damals sagte mir meine Mutter oft: „Miriam, ich verstehe nicht, warum du nicht mit deinem Fahrrad in die Schule fährst, da bist du viel schneller dort!" Aber ich mochte nicht Fahrrad fahren, denn der Wind wehte immer so stark. Miriam fuhr viel lieber mit der Mutter im Auto oder ging sogar zu Fuß, statt Fahrrad zu fahren.

Dann kam der Tag, an dem mein Vater mir ein Rennrad schenkte. Ich probierte es gleich aus: Es hatte so viele Gänge, dass ich damit sogar gegen den Wind fahren konnte. Danach fuhr Miriam nur noch Rad, auch wenn der Wind stark wehte.

> → 2 Sätze vom anderen Erzähler als am Anfang der Geschichte

Die Gespenster

An einem regnerischen Samstag wussten Petra und ihre Freundin Lisa gar nicht, was sie tun sollten. Auch Petras Brüder Max und Josef hatten große Langeweile. Ihnen fiel nichts Besseres ein, als uns ständig zu ärgern. „Gehen wir auf den Dachboden", sagte Petra, „da finden sie uns nicht". Und tatsächlich, da konnten wir ganz ungestört spielen.

Beim Mittagessen erzählten die Mädchen begeistert von ihrem neuen Spielort. Sie merkten nicht, dass die Jungen sich anschauten und dann gleich nach dem Essen verschwanden.

Als die Mädchen wieder auf den Dachboden gingen, stand die Tür zur Treppe leicht auf. Sie stiegen auf und erstarrten vor Schreck: Im dunkelsten Winkel leuchtete ein gruseliges Gesicht. „Mama, Hilfe!", schrien wir und polterten die Treppe wieder hinunter. Am Fuß der Treppe hörten die Mädchen aber schon das Gelächter von oben und ihre Angst verschwand.

Es war doch kein Gespenst, sondern nur die beiden Brüder!

→	3 Sätze vom anderen Erzähler als am Anfang der Geschichte

A7.4 Pronomen-Memory (Beziehung Pronomen/Referenten erkennen)
A7.4.1 Pronomen-Memory – Pronomenbilder

153

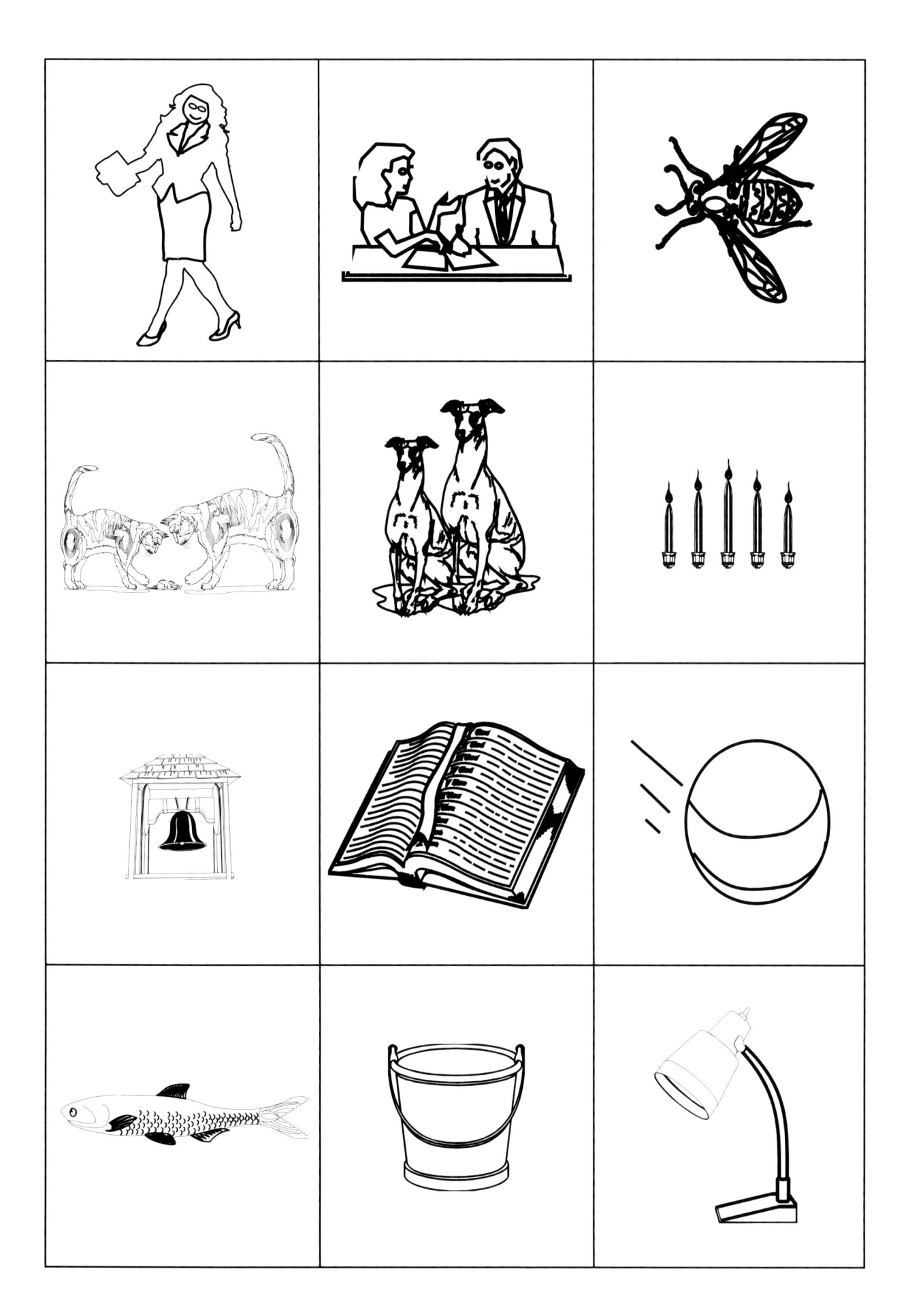

A7.4.2 Pronomen-Memory – Pronomenkarten A: Nominativ

Die Katze schläft. A	Die Katze springt. A	Die Katze geht spazieren. A
Der Kater kratzt. A	Der Kater träumt. A	Der Kater faucht. A
Das Kätzchen streckt sich. A	Das Kätzchen trinkt. A	Alle Katzen schnurren. A

Viele Kätzchen spielen. A	er A	er A	er A	sie A
sie A	sie A	sie A	sie A	es A	es A

– *Pronomenkarten B: Akkusativ*

Die Katze trinkt den Saft. B	Die Katze leckt das Kätzchen ab. B	Der Kater singt ein Lied. B
Die Katze springt den Bauern an. B	Die Katze frisst den Käse. B	Der Kater frisst die Nachspeise auf. B
Das Kätzchen beißt die Fäden ab. B	Das Kätzchen ärgert die Hunde. B	Das Kätzchen sieht die Maus an. B

Der Kater fängt die Ratten. B	sie B	sie B	ihn B	ihn B
ihn B	es B	es B	sie B	sie B	sie B

– *Pronomenkarten C: Dativ*

Die Katze gibt dem Kätzchen Milch.	Die Katze gefällt dem Kater.	Die Katze gibt dem Kater eine Maus.
Der Kater hilft der Katze.	Der Kater gefällt der Katze.	Der Kater dankt den Freunden.
Eine Frau hilft dem Katzenkind.	Das Kätzchen dankt der Katze.	Der Kater schenkt den Kindern eine Maus.

Das Kätzchen glaubt den Katzeneltern.	ihr	ihr	ihr	ihm
ihm	ihm	ihm	ihnen	ihnen	ihnen

A7.5 Bindewortspiel (Klärung der Bedeutung durch wiederholten Gebrauch)
A7.5.1 Bindewortspiel – Erklärung, Beispiele

> → **Konjunktionen** verbinden Satzteile, Nebensätze und Hauptsätze miteinander, z.B.:

aber   als   als ob   andererseits   außer   bevor   bis

daher   da   damit   denn   deshalb   ehe

einerseits   entweder ... oder   falls   indem

indessen   nachdem   obwohl   oder   seit

selbst wenn   sobald   so dass   sofern   solange

sowohl ... als auch   trotzdem   und   während

weder ... noch   weil   wenn   wie   wie wenn

> → **Konjunktionaladverbien** bringen Zustände und Sachverhalte miteinander in Beziehung – wie Konjunktionen auch. Wie die Konjunktionen können viele am Anfang eines Satzes stehen und diesen mit dem vorhergehenden Satz verbinden, z.B.:

allerdings   andernfalls   also   auch   außerdem

dagegen   daher   darum   demnach   demzufolge

deshalb   deswegen   doch   ebenfalls   ferner

folglich   gleichfalls   insofern   jedoch   nämlich

nur   dennoch   immerhin   so   somit   sonst

trotzdem   vielmehr   wohl   zudem   zwar ... aber

A7.5.2 Bindewortspiel – Übungsblatt 1

→ weil, ob: Passende Konjunktion einsetzen

Ich kenne ihn, _____ er mit uns Fußball spielt.

Einmal ist er gefallen, _____ er gefault wurde.

Weißt du, _____ sie heute alle kommen?

Wir gehen, _____ jetzt sowieso nichts los ist.

Er fragte, _____ der Zug pünktlich kommt.

Weißt du, _____ wir schon gehen dürfen?

Ich überlege, _____ ich mitgehe.

Wir haben verloren, _____ der beste Spieler verletzt wurde.

Ich frage mich, _____ er noch da ist.

Sie ist hingefallen, _____ es glatt war.

Er hatte Durst, _____ es so heiß war.

Wer weiß, _____ er das noch kann.

Überlege mal, _____ du mitkommen willst.

Ich frage den Trainer, _____ ich mitspielen kann.

Weißt du, _____ wir einen Ball haben?

Ich habe Hunger, _____ wir schon so lange da sind.

Die Tür ist zu, _____ es draußen so kalt ist.

Frage mal nach, _____ das Spiel bald anfängt.

Der Zug fährt gar nicht, _____ die Lok kaputt ist.

Ich kann nicht mitspielen, _____ ich krank bin.

Sie überlegt, _____ sie hingehen soll oder nicht.

A7.5.2 Bindewortspiel – Übungsblatt 2

> ob, wenn, dass: Passende Konjunktion einsetzen

Ich weiß nicht, _____ es morgen regnet.

_____ es regnet, kommen wir nicht.

Ich pass auf, _____ uns niemand sieht.

Hast du gewusst, _____ wir gewonnen haben?

_____ ich ihn sehe, sage ich ihm Bescheid.

Der Hund schaute nach, _____ er was zu fressen hatte.

Frage mal, _____ der Hund beißt.

Eigentlich müsste er angekettet sein, _____ er beißt.

Die Katze wusste nicht, _____ die Maus schon weg war.

Ich frage meinen Freund, _____ er mir Geld leiht.

Ich glaube nicht, _____ wir morgen gewinnen können.

_____ das Wetter schlecht ist, spielen wir nicht.

Ich werde keine Tore schießen, _____ ich mitspiele.

Alle wissen, _____ ich ein guter Torwart bin.

Ich weiß nicht, _____ ich alle Bälle halten kann.

_____ die Verteidiger aufpassen, kommt kein Ball durch.

Der Trainer passt auf, _____ wir alle gut in Form sind.

Früher wusste ich nicht, _____ ich so weit laufen kann.

_____ wir nicht mitlaufen, dürfen wir nicht spielen.

Ich trage jetzt einen Helm, _____ ich Fahrrad fahre.

Fragen wir nach, _____ wir essen dürfen.

A7.5.2 Bindewortspiel – Übungsblatt 3

> ob, weil: Passende Konjunktion einsetzen

Ich weiß nicht, _____ er kommt oder nicht.

Ich frage den Lehrer, _____ wir spielen dürfen.

Einmal stieg er aus, _____ sich der Motor komisch anhörte.

Wir gewinnen, _____ wir besser spielen können.

Weißt du, _____ heute ein Fußballspiel ist?

Er darf nicht Auto fahren, _____ er noch nicht 18 ist.

Er hat mich gefragt, _____ ich schon fertig bin.

_____ ich nicht aufräumen wollte, musste ich länger bleiben.

Wissen wir, _____ was Gutes im Kino läuft?

Ich frage den Schaffner, _____ der Zug im Fahrplan steht.

Wir haben im Lotto gewonnen, _____ wir die Glückszahl hatten.

Er musste seine Jacke anziehen, _____ es so kalt war.

Sie hat ihre Brille verloren, _____ ihre Tasche ein Loch hatte.

Ich frage, _____ jemand sie gefunden hat.

Er ging heim, _____ das Spiel zu Ende war.

Weiß er, _____ er abgeholt wird?

Überlege mal, _____ du seinen Namen kennst oder nicht.

Ich frage mich, _____ er mich noch kennt.

Niemand ist da, _____ es gerade Mittagszeit ist.

Er überlegte, _____ er es schaffen konnte.

A7.5.2 Bindewortspiel – Übungsblatt 4

→ **weil, wenn: Passende Konjunktion als Antwort**

Warum muss man Hausaufgaben machen?

Warum muss man sich im Auto anschnallen?

Wann darf man die Hausaufgaben liegen lassen?

Wann darf die Klasse nach draußen?

Warum dürfen Kinder nicht Auto fahren?

Warum muss man in die Schule gehen?

Wann zieht man im Winter eine kurze Hose an?

Warum sollte man nicht bei einem Gewitter unter einem Baum stehen?

Wann hält die Polizei ein Auto an?

Warum können Kinder in armen Ländern oft nicht in die Schule gehen?

Wann weiß man, dass das Gewitter ganz in der Nähe ist?

Wann hupen Autofahrer?

Warum jagen Katzen Vögel?

Wann schnurren Katzen?

Warum muss man an der roten Ampel stehen bleiben?

Wann knurren Hunde?

Warum werden Katzen nicht an der Leine geführt?

Warum muss man vorsichtig sein, wenn man über die Straße geht?

Wann kann man im Klassenraum am schlechtesten hören?

Warum bellen Hunde beim Gewitter?

Wann müssen Autos halten?

A7.5.3 Bindewortspiel – Karten mit Bindewörtern – exemplarische Auswahl

und	(entweder) ... oder	weil
wenn	aber	damit
denn	dass	ob
nachdem	als	bis
als ob	allerdings	..., der/ ..., die/ ..., das
sobald	obwohl	während
falls	bevor	außerdem

7.6 Wann war das? (Zeitlichen Zusammenhang wahrnehmen)

7.6.1 Wann war das? – Zeitadverbien oder Umstandswörter der Zeit: Erklärung, Beispiele

Diese geben Zeitpunkt, Dauer oder Wiederholung an, beantworten die Fragen „wann, wie lange, wie oft, seit wann, bis wann" und weisen auf Gegenwart, Zukunft, Vergangenheit oder einen allgemeinen Zeitpunkt hin (Dreyer & Schmitt, 2000). Beispiele:

Wann?
abends anfangs bald damals danach dann dienstags eben eher endlich früh früher gestern gleichzeitig heute heutzutage inzwischen jetzt mittlerweile morgen nachts neulich nun schließlich seitdem seither spät später übermorgen vorerst vorhin zuletzt zwischendurch

Wie lange?
ewig immer lange noch stets zeitlebens

Wie oft?
jeden Abend bisweilen jeden Dienstag dreimal einmal gelegentlich häufig manchmal mehrmals mitunter jede Nacht oft selten zuweilen zweimal

Gegenwart:
augenblicklich eben gegenwärtig gerade gleich heute heutzutage jetzt nun soeben sofort

Vergangenheit:
anfangs bereits damals ehemals einmal einst früher gestern inzwischen jemals kürzlich neulich seither sonst unterdessen vorgestern vorher vorhin

Zukunft:
bald danach demnächst künftig morgen nachher nächstens später übermorgen

Allgemein:
abends endlich erst ewig häufig immer immerzu mehrmals mittags morgens nachts nie niemals oft oftmals stets vormittags wieder zuerst zuletzt

A7.6.2 Wann war das? – Zeit-Karten zum Kalenderspielbrett

morgen	am Tag zuvor	vorgestern
letzte Woche	Anfang letzter Woche	übermorgen
vor einer Woche	vor einigen Tagen	in einigen Tagen
am Nachmittag	am Vormittag	am Abend
am Wochenende	vor drei Tagen	am nächsten Tag
gestern	nächste Woche	Anfang dieser Woche
in zwei Tagen	Ende nächster Woche	Ende der Woche

A7.6.3 Wann war das? – Kalenderspielbrett

Montag	Dienstag	Mittwoch	Donnerstag	Freitag	Samstag	Sonntag
		1	2	3	4	5
6	7	8	9	10	11	12
13	14	15	16	17	18	19
20	21	22	23	24	25	26
27	28	29	30	31		
Montag	Dienstag	Mittwoch	Donnerstag	Freitag	Samstag	Sonntag

A7.6.4 Wann war das? – Zeitadverbien

danach	schon	lang
wieder	jetzt	nachdem
sofort	damals	immer
nie	plötzlich	zu dieser Zeit
gleich	schon einmal	nachher
später	vorher	seitdem
oft	sobald	auf einmal
dann	früher	häufig
bald	kurz davor	nächstes Mal
manchmal	vor	nach
gerade	endlich	zuerst

A7.6.5 Wann war das? – Zeitbestimmung

Zeitbestimmungskarten	Zeitsatz-Karten
7 Uhr abends	Mutter rief vom Fenster, wir sollten reinkommen.
12 Uhr mittags	Wir hatten alle Hunger.
Mitternacht	Auf dem Friedhof war es sehr still.
kurz vor acht	Klaus ging immer zu Fuß in die Schule.
November	Es war furchtbar dunkel und neblig.
April	Zuerst hat es geschneit, dann schien die Sonne.
Anfang Dezember	Maria wollte Weihnachtsgeschenke kaufen.
Juli	Heidi wollte ins Freibad.
Sommer	Bald werden die Zeugnisse verteilt.
Winter	Ich brauchte dringend neue Stiefel.
Herbst	Peters Vater hatte Sorgen wegen der Ernte.
Frühjahr	Dieses Jahr wollte Anja einen Garten anlegen.

A7.7 Sprechen und schreiben! (Mündliche/Schriftliche Sprache erkennen)
A7.7.1 Sprechen-und-Schreiben-Karten

Umgangssprachlich	Schriftsprachlich
Kram	Sachen
Quatsch	Unsinn
erwischt	ertappt
saufen	trinken
Kohle	Geld
Klamotten	Kleidung
Bulle	Polizist
besoffen	betrunken
Halt die Klappe!	Sei jetzt ruhig!
pleite sein	kein Geld mehr haben
kriegen	bekommen
versauen	falsch machen

Umgangssprachlich	Schriftsprachlich
saukalt	eisig kalt
Knast	Gefängnis
Das ist bescheuert!	Das gefällt mir nicht!
bekloppt	verrückt
doof	dumm
lecker	schmackhaft
Hau ab!	Geh weg!
sich hauen	sich prügeln
schmeißen	werfen
spinnt	denkt nicht nach
flippt aus	wird wütend
fressen	essen

A7.8 Was du nicht sagst! (Wortfeld „sagen")
A7.8.1 Was du nicht sagst! – Sagen-Karten

sich beschweren	bemerken
behaupten	beschreiben
schluchzen	befehlen
flüstern	mitteilen
zischen	brüllen
jammern	murmeln
feststellen	finden
meinen	poltern
lügen	versprechen
widersprechen	zugeben

äußern	schreien
plaudern	schwatzen
erzählen	melden
rufen	quengeln

A7.8.2 Was du nicht sagst! – Aussagen

„Ich habe schon den ganzen Tag für dich gearbeitet."	„Der Sonnenuntergang ist richtig farbenfroh heute."
„Der Mann dort muss der Dieb sein."	„Der Kellner war ein gut aussehender Mann."
„Meine arme Katze ist schon seit zwei Tagen weg!"	„Räume jetzt endlich dein Zimmer richtig auf!"
„Wenn wir uns leise davon schleichen, merkt sie das nicht."	„Ihre Post liegt unten bei der Sekretärin."
„Es ist deine Schuld, dass jetzt alles schiefgelaufen ist!"	„Kompanie, im Gleichschritt: Marsch!"
„Alles ist nass; das kann ich nicht mehr sauber kriegen."	„Das macht überhaupt keinen Sinn."
„Wir kommen heute aber nicht mehr auf die Insel."	„Er ist bestimmt nicht der Richtige für diese Arbeit."
„Spaghetti passt nicht zu Nudelsalat."	„Hinaus! – und lasse dich hier nie mehr blicken!"
„Ich habe die Juwelen in meiner Tasche!"	„Ich bringe bis morgen bestimmt alles wieder in Ordnung."
„Das ist nicht richtig, was du da sagst."	„Na gut, ich war's, ich habe den Hund laufen lassen."

„Die Regierung schafft es nicht, die Probleme zu lösen."	„Hörst du jetzt endlich zu, wenn ich mit dir spreche!"
„Gestern gingen wir alle miteinander einkaufen."	„Wir haben alle ganz tolle Sachen zum Anziehen gefunden."
„Maria ist gestern in der Schule krank geworden."	„Die Kompanie steht zur Inspektion bereit, Herr Hauptmann!"
„Hallo, Sie haben Licht angelassen!"	„Ich mag nach Hause, ich habe Hunger!"

A7.9 Die Zeit läuft davon! (Wahrnehmung der Zeitstufe)
A7.9.1 Die Zeit läuft davon! – Geschichten

Wechsel: 1. Imperfekt/Präsens (1. Vergangenheit/Gegenwart)

1. Peter saß bei den Hausaufgaben. Er kann sich einfach nicht konzentrieren. Schon seit einer Stunde lauschte er dem Ticken der Uhr, aber beim Rechnen kam er einfach nicht weiter. Plötzlich zischt es draußen vor dem Fenster. Peter sprang auf und öffnete beide Flügel, obwohl es so kalt war. Draußen steht Martin. Er zeigte ungeduldig auf die Kirchuhr und rief: „Mensch, bist du noch nicht fertig? Gleich ist Training!"
„Komme gleich", rief Peter, schlug das Fenster zu und rechnete innerhalb von zehn Minuten alle Aufgaben. Er denkt noch ans Aufräumen und schaffte es gerade noch rechtzeitig zum Fußballfeld.

→ 4x Wechsel aus der ersten Vergangenheitsform

2. Heidi mochte gerne Musik hören. Abends sitzt sie oft mit Kopfhörern in ihrem Zimmer. Eines Tages hörte sie davon, dass eine ganz bekannte Band in einem Dorf in der Nähe auftreten sollte. „Ich muss hin", denkt sie. „Aber woher das Geld nehmen?"
Endlich kam sie auf die Idee, für die Nachbarn Gartenarbeit zu erledigen. Sie fragte in der ganzen Gegend, wer Hilfe im Garten braucht. Zum Glück fand sie auch einige Möglichkeiten, so dass sie glücklich zum Musikabend fahren konnte.

→ 3x Wechsel aus der ersten Vergangenheitsform

3. Abends mussten alle Schafe auf der Heide in den Schuppen. Es waren zu viele Raubtiere, die gar nichts gegen einen saftigen Lammbraten haben! Alle halfen zusammen und es ging normalerweise sogar ziemlich schnell, weil die Hunde so geschickt waren.
An diesem Abend aber verletzte sich ein Hund. Er musste auf dem Hof bleiben, obwohl er winselt und unruhig war. Zum Glück wussten die Schafe scheinbar, dass es im Schuppen sicher war, und sie gehen ganz schnell hinein. So werden wir trotz allem rechtzeitig zum Abendessen fertig!

→ 4x Wechsel aus der ersten Vergangenheitsform

4. Es war St. Martins-Tag und alle standen schon mit ihren Laternen vor der Tür. Da klingelt das Telefon: Oma ist dran! Mama sagte ihr gleich, dass wir gerade weg mussten, aber sie verstand scheinbar nicht, denn sie redete immer weiter.
Plötzlich rief Elisabeth: „Oma, wir müssen Laterne gehen!" Das hörte sie dann doch. Sie lachte, wünschte uns viel Spaß und legte auf.

→ 2x Wechsel aus der ersten Vergangenheitsform

Wechsel: Imperfekt/Perfekt (1. Vergangenheit/2. Vergangenheit)

1. Unsere zwei Kätzchen bekamen wir von den Nachbarn. Eines war schwarz und eines weiß. Sie waren wirklich ganz süß und wir mochten sie alle gern.
Aber dann sind wir weggefahren, zwei Tage lang. Zum Glück sind die Nachbarn einverstanden gewesen, die Kätzchen zu füttern.
Als wir wiederkamen, waren unsere Kätzchen weg. Wir sind zu den Nachbarn gelaufen und fragten, was passiert war, aber sie wussten es auch nicht. Wir riefen beim Tierschutzverein an. Zum Glück waren die Kätzchen dort und wir konnten sie abholen.

→ 3x Wechsel aus der ersten Vergangenheitsform

2. Es war Silvester und wir durften alle aufbleiben. Sogar der kleine Alfred ist nicht ins Bett gegangen. Wir saßen alle im Wohnzimmer und sangen Lieder. Papa hat ein bisschen vorgelesen und Mama machte Kakao. Um Mitternacht sind wir zum Fenster gegangen, um dem Feuerwerk zuzuschauen. Dabei schlief Alfred ein und ist auch nicht wach geworden, als Papa ihn ins Bett brachte.

→ 4x Wechsel aus der ersten Vergangenheitsform

3. Die Ferien waren vorbei: Es war der erste Schultag. Martin ging die Treppe hinauf und machte die Schultür auf. Er ging hinein und ist sogleich überrascht stehen geblieben. Im Flur standen viele Kinder und unterhielten sich aufgeregt. Die Decke im Flur ist ganz schwarz gewesen. Da kam schon der Schulleiter. „Kinder", hat er gesagt: „Gestern gab es ein kleines Feuer im Flur, aber nichts Schlimmes. Geht in eure Klassenzimmer." Martin ging mit den anderen hinein, aber an dem Vormittag haben alle Probleme gehabt, sich zu konzentrieren.

→ 4x Wechsel aus der ersten Vergangenheitsform

4. Ich stand am Fenster und schaute den Flugzeugen zu, wie sie starteten und landeten. Heute war für mich das erste Mal in einem Flughafen. Ich habe das alles sehr aufregend gefunden: die vielen Menschen, die lauten Geräusche, aber vor allem die Flugzeuge selbst. Meine Eltern erklärten, dass alle Piloten auf die Menschen im „Tower" – einem hohen Turm – hören mussten. Das sind die Fluglotsen gewesen. Wir blieben zwei Stunden lang und nachher war ich müde, aber glücklich.

→ 2x Wechsel aus der ersten Vergangenheitsform

A7.9.2 Die Zeit läuft davon – Verben-Uno – Karten

arbeite	arbeitete	hat gearbeitet
baut	bauten	habe gebaut
biege	bog	haben gebogen
blickst	blickten	haben geblickt
bringt	brachte	haben gebracht
denke	dachtest	hat gedacht
droht	drohtest	haben gedroht
fegt	fegte	habe gefegt
findest	fand	habe gefunden
fragt	fragten	haben gefragt
geht	ging	bin gegangen

geschieht	geschah	ist geschehen
grüßt	grüßte	habt gegrüßt
halten	hielt	hat gehalten
heben	hob	habt gehoben
helfen	half	hast geholfen
kämme	kämmte	haben gekämmt
komme	kam	bist gekommen
kocht	kochtest	haben gekocht
lebst	lebte	hast gelebt
lese	las	hast gelesen
liebe	liebtest	haben geliebt

machst	machte	hat gemacht
mag	mochte	hast gemocht
murmelt	murmelte	hat gemurmelt
nähe	nähte	habt genäht
nennst	nannte	haben genannt
schicke	schickte	hast geschickt
rauchst	rauchte	haben geraucht
sehe	sah	hast gesehen
suchst	suchte	hat gesucht
verliere	verlor	habe verloren
verstehst	verstand	habe verstanden

A7.10 Puzzlebau (Geschichten ausbessern)
A7.10.1 Puzzlebau – Fragen

Fragen, die eher das Gesamtbild ergänzen:

Warum, wie?

Welche Gedanken, Gefühle?

Wann, bis wann, seit wann, wie lange?

Fragen, die eher auf verzahnende Wörter hinweisen:

Wo? Umstandswörter des Ortes (Ortsadverbien)

Wer? Fürwörter (Pronomen)

Beschreibungen/Ersetzungen? (Substitutionen)

A7.10.2 Puzzlebau – Geschichtenstreifen

Maria stand mitten auf dem Wochenmarkt.
Oma war weg.
Maria redete mit einem Mann und weinte.
Der Mann fand Oma beim Auto.

Die Lehrerin sagte zu der Klasse: „Heute ist Wandertag."
Wir marschierten Richtung Abenteuerspielplatz.
Ich spielte mit den anderen Jungen.
Wir steckten die Füße in den Teich.
Wir gingen heim.

Der Rabe flog mit einem Stück Käse im Schnabel hoch in einen Baum.
Der Fuchs sagte: „Ist deine Stimme so schön wie deine Federn?"
Der Rabe fing an zu krächzen.
Das Käsestück fiel auf den Boden.
Der Fuchs lachte und nahm den Käse.

Eine Familie fuhr in den Urlaub.

Die Familie konnte den Hund nicht bei Freunden lassen.

Die Familie fuhr mit Kisa in den Wald.

Die Familie fuhr ohne den Hund weg und Kisa weinte.

Da gingen Verena und Jürgen spazieren.

Verena nahm den Hund mit.